数字货币

领导干部读本

任仲文◎编

人民日报出版社

北京

图书在版编目（CIP）数据

数字货币：领导干部读本 / 任仲文编. -- 北京：人民日报出版社，2019.11
ISBN 978-7-5115-6241-8

Ⅰ. ①数… Ⅱ. ①任… Ⅲ. ①电子支付—干部教育—学习参考资料 Ⅳ. ①F713.361.3

中国版本图书馆CIP数据核字（2019）第246402号

书　　名：数字货币——领导干部读本
SHUZI HUOBI——LINGDAO GANBU DUBEN
作　　者：任仲文

出 版 人：董　伟
选题策划：鞠天相
责任编辑：蒋菊平　徐　澜
封面设计：元泰书装
版式设计：九章文化

出版发行：人民日报出版社
社　　址：北京金台西路2号
邮政编码：100733
发行热线：（010）65369527　65369512　65369509
邮购热线：（010）65369530　65363527
编辑热线：（010）65369528
网　　址：www.peopledailypress.com
经　　销：新华书店
印　　刷：大厂回族自治县彩虹印刷有限公司

开　　本：710mm × 1000mm　1/16
字　　数：169千字
印　　张：14.25
版次印次：2019年11月第1版　2019年11月第1次印刷

书　　号：ISBN 978-7-5115-6241-8
定　　价：39.00元

目录
CONTENTS

一、历程

数字货币的发展

近年来，数字货币热潮兴起，与之相关的一些底层技术，如区块链技术以及分布式记账方法，也显示出广阔应用前景。数字货币从理论走向现实，其必要性、可行性和安全性正在接受市场检验。

二、认识数字货币的本质

数字货币是指以数字形式存在的货币，在不同语境下，有着不同的内涵和外延。国际货币基金组织（IMF）称之为“价值的数字表达”。

三、影响

数字货币如何改变金融生态

全球金融危机促使人们对现代货币体系的反思，和金融科技紧密相连的数字货币尤其受到关注。数字货币如果发展起来，必然对金融的结构产生重大影响。

四、应对

数字货币带来新挑战

如何厘清数字货币对国家安全的影响机制，已经成为防范重大风险不可忽视的重要内容。

附录

一、历程：数字货币的发展

近年来，数字货币热潮兴起，与之相关的一些底层技术，如区块链技术以及分布式记账方法，也显示出广阔应用前景。数字货币从理论走向现实，其必要性、可行性和安全性正在接受市场检验。

关于央行数字货币的几点考虑

范一飞

近年来，各主要国家和地区央行及货币当局均在对发行央行数字货币开展研究，新加坡央行和瑞典央行等已经开始进行相关试验，人民银行也在组织进行积极探索和研究。本文提出了有关我国央行数字货币发行安排的一些思考。

一、中国央行数字货币应采用双层运营体系

大国发行央行数字货币是一个复杂的系统工程。我国幅员辽阔、人口众多，各地区经济发展、资源禀赋和人口受教育程度差异较大，在设计和运营央行数字货币过程中，要充分考虑系统、制度设计所面临的多样性和复杂性。比如，需要考虑网络覆盖不足的偏远地区的使用问题。如果采用单层（one-tier）运营，将面临上述因素所带来的极大考验。为提升央行数字货币的便捷性和服务可得性，增强公众使用意愿，可考虑采用双层（two-tier）运营，来应对上述困难。

作者系中国人民银行副行长。

“双层运营”有利于充分利用商业机构现有资源、人才、技术等优势，通过市场驱动、促进创新、竞争选优。商业银行等机构的 IT 基础设施应用和服务体系已比较成熟，系统的处理能力较强，在金融科技应用等方面已经积累了一定的经验，人才储备较为充分。因此，在商业银行等机构现有的基础设施、人力资源及成熟的应用和服务体系之外，另起炉灶、重复建设，对社会资源是巨大的浪费。在安全、可靠的前提下，中央银行与商业银行等机构可以密切合作，不预设技术路线，充分调动市场力量，通过竞争来实现系统优化，共同开发、共同运行。这既有利于整合资源、发挥合力，也有利于促进创新。而且，大众已习惯通过银行等商业机构处理金融业务，“双层运营”也有助于提升社会公众对央行数字货币的接受度。

“双层运营”有助于分散化解风险。在以往银行间支付清算系统的开发过程中，央行积累了丰富的经验，但银行间支付清算系统直接服务金融机构，而央行数字货币直接服务公众，涉及千家万户。如果仅靠央行自身力量进行研发，支撑如此庞大的系统，既要满足安全、高效、稳定的目标，还要满足用户体验需求，很不容易。同时，央行还受制于预算、资源、人员和技术等客观约束，通过双层运营的设计，可避免将风险过度集中。

“双层运营”可以避免“金融脱媒”。“单层运营”下，央行直接对公众投放数字货币，央行数字货币与商业银行存款货币将形成竞争关系。显然，由央行背书的央行数字货币的信用等级高于商业银行存款货币，会对商业银行存款产生挤出效应，可能出现“存款搬家”，进而影响商业银行的贷款投放能力。此外，商业银行吸纳存款能力降低会增加其对同业市场的依赖，抬高资金价格，增加社会融资成本，损害实体经济，引发“金融脱媒”。为保持其放贷能力和金融稳定，央行将不得不对商业银行进行补贴。极端情况下，还会颠覆现有金融体系，出现央行包打天下的“大一统”局面。

综上，“中央银行－商业机构”的双层运营模式是既适合我国国情，又能够充分利用现有资源、调动商业银行积极性的选择。首先，不改变流通中货币的债权债务关系。为保证货币不超发，运营机构需要向央行按100%全额缴纳准备金。所以，公众所持有的央行数字货币依然是中央银行负债，由中央银行信用担保，具有无限法偿性。其次，不改变现有货币投放体系和二元账户结构，不会构成对商业银行存款货币的竞争，不会增加商业银行对同业拆借市场的依赖，不会影响商业银行的放贷能力，也就不会导致“金融脱媒”现象。再次，由于不影响现有货币政策传导机制，不会强化压力环境下的顺周期效应，因此也不会对现行实体经济运行方式产生负面影响。最后，该模式更有利于发挥央行数字货币的优势，节约成本、提高货币流通速度，提升支付便捷性和安全性。此外，由于具有央行背书的信用优势，有利于抑制公众对私有加密数字货币的需求，巩固我货币主权。

二、在双层运营体系安排下，我国的央行数字货币应以账户松耦合的方式投放，并坚持中心化的管理模式

为保持央行数字货币的属性，实现货币政策和宏观审慎管理目标，我国的央行数字货币双层运营体系应不同于各种代币的去中心化发行模式。第一，因为央行数字货币仍然是中央银行对社会公众的负债，其债权债务关系并未随着货币形态而改变，因而仍必须保证央行在投放过程

中的中心地位。第二，需要保证并加强央行的宏观审慎与货币政策调控职能。第三，不改变二元账户体系，保持原有货币政策传导方式。第四，为避免运营机构超发货币，需要有相应安排实现央行对数字货币投放的追踪和监管。

因此，央行数字货币应坚持中心化运营模式。不过，这里所说的中心化运营模式与传统电子支付工具也有所不同。电子支付工具的资金转移必须通过账户完成，采用的是账户紧耦合方式。央行数字货币则应基于账户松耦合形式，使交易环节对账户的依赖程度大为降低。这样，既可和现金一样易于流通，又能实现可控匿名。央行数字货币持有人可直接将其应用于各种场景，有利于人民币流通和国际化。另外，如果没有交易第三方匿名，会泄露个人信息和隐私；但如果允许实现完全的第三方匿名，会助长犯罪，如逃税、恐怖融资和洗钱等犯罪行为。所以为取得平衡，必须实现可控匿名，只对央行这一第三方披露交易数据。在松耦合账户体系下，可要求运营机构每日将交易数据异步传输至央行，既便于央行掌握必要的数据以确保审慎管理和反洗钱等监管目标得以实现，也能减轻商业机构的系统负担。

三、中国现阶段的央行数字货币设计应注重 M_0 替代，而不是 M_1、M_2 替代

现阶段，M_1 和 M_2 基于商业银行账户，已实现电子化或数字化，没有用数字货币再次数字化的必要。支持 M_1 和 M_2 流转的银行间支付清算系统（如大小额支付系统和网上支付跨行清算系统等）、商业银行行内系统以及非银行支付机构的各类网络支付手段等运转正常，且在不断完善

升级、日益高效，能够满足我国经济发展的需要。用央行数字货币替代 M_1 和 M_2，既无助于提高支付效率，还会造成对现有系统和资源的巨大浪费。相比之下，现有纸钞和硬币的发行、印制、回笼和贮藏等环节成本较高，流通体系层级多，且携带不便、易被伪造、匿名不可控，存在被用于洗钱等违法犯罪活动的风险，实现数字化的必要性与日俱增。另外，非现金支付工具，如传统的银行卡和互联网支付等，都基于账户紧耦合模式，无法完全满足公众对易用和匿名支付服务的需求，不可能完全取代 M_0，特别是在账户服务和通信网络覆盖不佳的地区，民众对现钞的依赖程度仍然很高。央行数字货币保持了现钞的属性和主要特征，满足了便携和匿名的需求，将是替代现钞的最好工具。

正因为央行数字货币是对 M_0 的替代，不应对其计付利息。这样既不会引发“金融脱媒”，也不会由此引致通胀预期。相应地，也不会对现有货币体系、金融体系和实体经济运行产生大的冲击。

同理，由于央行数字货币是 M_0 替代，所以也应遵守现行所有关于现钞管理和反洗钱、反恐融资等的规定。为配合反洗钱等相关工作，可要求相关机构就央行数字货币的大额及可疑交易向央行报告。同时，为引导央行数字货币应用于小额零售业务场景、不对存款产生挤出效应，避免套利和压力环境下的顺周期效应，可对其设置每日及每年累计交易限额，并规定大额预约兑换。必要时，也可考虑对央行数字货币的兑换实现分级收费，对于小额、低频的兑换可不收费，对于大额、高频兑换和交易收取较高费用以增加兑换成本和制度摩擦。在利率零下界的情况下，这种安排还可为央行实施负利率政策创造条件。

四、对央行数字货币加载智能合约应保持审慎态度

根据尼克·萨博（Nick Szabo）给出的定义，智能合约是一套以数字形式定义的承诺，包括合约参与方可以在上面执行这些承诺的协议。智能合约被写入计算机可读的代码中。一旦达到触发条件，由计算机自动执行。可以加载时间、信用等前置条件，也可以被应用于缴税、反恐融资等多种场景中。

然而，如前所述，央行数字货币是对 M_0 的替代，具有无限法偿性，即承担了价值尺度、流通手段、支付手段和价值贮藏等职能。原有现钞并未承载任何其他的社会与行政职能。《中华人民共和国人民币管理条例》规定，禁止故意损毁人民币。所以，在现钞上添加额外社会或行政功能实际上有损毁人民币之嫌。

为保持无限法偿性的法律地位，央行数字货币也不应承担除货币应有的四个职能之外的其他社会与行政职能。加载除法定货币本身功能外的智能合约，将影响其法偿功能，甚至使其褪化为有价票证，降低我国央行数字货币的可自由使用程度，也将对人民币国际化产生不利影响。还会降低货币流通速度，影响货币政策传导和央行履行宏观审慎职能。同时，还可能侵犯公民隐私权，不利于个人权益保护。所以，有利于货币职能的智能合约可以考虑，但对超出货币职能的智能合约应持审慎态度。

（本文原载于 2018 年 1 月 25 日第一财经客户端，转载于中国人民银行微信公众号。）

从跨境视角看数字货币 Libra

孙天琦

基于目前公布的 Libra 技术框架，从跨境资金流动视角看，数字货币 Libra 跨境自由流动将挑战我国现行外汇管理政策规定，非法跨境资本流动可能增加。我国必须将数字货币 Libra 视作外币，其兑换、使用必须遵守我国现行各项外汇管理规定；必须坚持人民币境内法定货币地位；对 Libra 应要求其持我国金融牌照，遵守我国监管规则。如果做不到，我国应禁止 Libra。

Libra 对外汇管理及跨境资金流动的影响

一是 Libra 可能会挑战我国现行外汇管理的政策框架。对资本项目完全可兑换、汇率完全市场化的国家而言，只要遵循“三反”的要求，资金跨境可以自由划转。在我国，资本项目还没有完全可兑换，人民币还不能自由兑换，资金跨境目前还不能自由划转。与之相应的外汇管理要求是强调外汇交易要有真实的交易背景，即须审核交易的真实性。在

作者系国家外汇管理局总会计师。

实践中，由银行承担审核义务。

Libra 可能会给我们的外汇管理带来许多新问题。首先，从公布的技术特点看，Libra 与主权货币最大的区别在于其运作脱离银行、打破中心化结算体系，号称可以“像发送短信或发送邮件一样轻松”地在全球范围内转移资金，可以 B2C、C2C，不需要银行作为中介。若被允许在我国境内使用，谁来代替银行对跨境交易实施真实性审核是摆在我们面前的一个问题。其次，2018 年我国出境达 1.5 亿人次，很多人可以在境外注册社交媒体账号、银行账户，在境内想办法登陆。如何在数字环境下区分境内交易和跨境交易，判断交易发生在境内主体之间还是境内主体和境外主体之间是一个技术上的大课题。

二是非法跨境资本流动可能增加。由于以 Libra 结算具有匿名、难追溯特点，跨境收支环节也基本无法审核真实性，本身就很难打绝的“境内外对敲”地下钱庄如再借助 Libra，可能会更活跃猖獗。这是各国尤其是新兴市场国家需要高度关注的问题。

三是 Libra 可能会强化美元的统治地位，不排除我国部分境内交易 Libra 化的可能。目前，全球外汇储备中美元占比 65%，全球支付中美元占比 40%。Libra 储备金锚定的一篮子货币中 50% 为美元，这将强化数字环境下美元的统治地位。中国法定的计价结算货币是人民币，若我国境内交易允许或无法禁止数字环境中使用 Libra，可能导致国内一定程度的 Libra 化，本质上就是美元化。

四是挤压人民币国际化的空间。国际清偿中 Libra 可能与人民币形成竞争关系，挤压人民币国际空间。在国际清偿中，Libra 具有易得性、“点对点”转账、速度快、成本低等优势，具有一定竞争力。目前，Libra 储备金中不包含人民币，如其未来成功“做大”且一直排斥人民币，人民币在数字经济领域的国际化路径、空间可能被挤压。

五是可能会扩展美国长臂管辖的范围。Libra 的储备金中 50% 是美元，根据美国长臂管辖“最小限度联系”的原则，可以推测，所有使用 Libra 进行交易的实体和个人必会被纳入美国长臂管辖范围。简单来说，如果现在的交易用的是欧元，美国长臂管辖无法施行；而如果欧元这部分交易改用 Libra，那么美国的长臂管辖就可以立即覆盖。

六是理论上看跨境小额汇款业务具有现实市场，但是 Libra 能否让监管者放心是一个问题。跨境小额汇款主要就是侨汇，涉及普惠金融。所谓侨汇，指的是一部分欠发达经济体的劳务者在发达国家务工，定期把钱汇回国内供家属使用，使得小额跨境汇款比较频繁。当前，全球侨汇规模庞大，但其跨境汇款成本较高。20 国集团和世界银行约在 2010 年左右做过调研，显示全球侨汇的规模为每年五六千亿美元，但跨境汇款成本高达 12%，非正规渠道的侨汇成本高达 30%。2011 年，G20 提出，到 2014 年要把全球侨汇成本从 10% 降到 5%。到 2019 年二季度末，全球侨汇成本降至 6.84%。此外，联合国 2030 规划提出要把全球侨汇成本降到 3%。如果能够将全球五六千亿美元规模的侨汇成本从 10%、8% 降低到 3%，就意味着每年有三四百亿美元让利于弱势群体，哪里能找到这么大的国际援助！

现有的银行体系受制于“三反”、外汇管理等原因难以实现这一目标，但 Libra 有可能从技术上突破、绕开“三反”、外汇管理等要求，发挥成本低、时间短、效率高、覆盖面更广的特点。这样，似乎它在跨境小额汇款业务方面就具有现实的生存空间。但是这里法律风险很大，因为技术上突破、绕开“三反”、外汇管理等要求，实际上是违法违规！

另外一个情况，近些年在全球严格“三反”的要求下，特别是在美国等发达国家高额罚款的威慑之下，一些大的国际商业银行切断了和非洲、亚洲等一些欠发达国家金融机构的代理行和被代理行关系。之后，向这些欠发达国家进行跨境小额汇款就变得更加困难，出现了 G20 关注的“去风险（de-risking）”问题或者说“代理行问题（correspondent banking）”。

数字货币 Libra 要在这个领域有生存空间，从这个角度看关键是它能不能解决跨境小额汇款背后的“三反”问题，能否真正解决“了解你的客户、了解你的客户的客户 KYC/KYCC”问题。

综上，Libra 在跨境小额汇款市场的空间其实不乐观。

新兴市场国家对 Libra 必须想清楚几个问题

一国的外汇管理框架、货币可兑换的进程是与其经济发展、金融市场发展的成熟度和司法体系监管体系的成熟度等相对应的。

当前，发达国家汇率自由浮动，基本不存在外汇管制政策问题，货币完全可自由兑换，跨境流动自由。跨境资金流动的视角下，发达国家主要关注的是“三反”问题。在数字货币方面，也同样如此。从美国、德国、法国等发达国家的监管部门态度看，“三反”问题是其关注的首要问题，其次是个人隐私保护、消费者保护等。

目前，有很多新兴市场国家对 Libra 持比较开放和支持的态度。其中，部分新兴市场国家及欠发达国家本质上已经高度美元化，用不用 Libra 其实差异不大。但同时许多新兴市场国家存在外汇管制。实践中，这些国家的外汇管理框架、本币可兑换进程往往会相伴产生一些监管方面的要求。这些要求或多或少会导致当前市场所反映的跨境资金转移的困难和高成本等问题。

对于存在外汇管制的新兴市场国家而言，对 Libra 必须想清楚：第一，为了 Libra，他们是不是可以选择现在就推动外汇管理框架的改变？第二，如果不改变外汇管理框架，非数字货币、传统货币必须遵守外汇管理框架，数字货币是否就可以网开一面不遵守？第三，允不允许在境内出现货币替代，即一种货币对它的法定货币出现替代、出现对货币主权的侵蚀？或者说出现一定程度的 Libra 化？有人认为 Libra 化是美元化，也有人认为它不一定是美元化，但都存在是否允许境内的法定货币被其他货币一定程度地替代的问题。

如果新兴市场国家选择数字货币必须要遵守现行的外汇管理框架，货币可兑换进程要符合国情客观审慎推进，那么，(1) Libra 要落地，就不仅仅要获得美国监管当局的同意，也必须要获得其他各国监管当局、外汇管理部门的同意。结合之前对侨汇的分析，本文认为 Libra 在跨境汇款中的市场空间有限，当然，不排除可能在小国象征性存在。(2) 应该立即加强的工作，就是严厉打击目前打着数字货币旗号进行的一些非法跨境资金转移。因为这部分的资金转移已经在冲击新兴市场国家的"三反"要求和外汇管理框架，这是已经发生且正在发生的事。这一部分和数字货币相关的非法跨境资金流动，有强大的技术支撑，对新兴市场国家的监管能力形成很大挑战。这也是数字技术、数字世界对各项基于实际物理国境的管理政策提出的挑战。

几点建议

一是必须坚持人民币在境内的法定货币地位。除国家另有规定的极少数情况外，我国境内必须以人民币计价结算，包括互联网等数字环境下进行的境内结算，以任何外币在境内进行计价结算均属非法，我国数字环境下的境内交易不能出现 Libra 化、美元化。

二是将 Libra 视作外币，纳入我国外汇管理整体框架。按照目前的宣传，Libra 可以自由跨境流动，因此必须将其视作外币，纳入我国外汇管理整体框架。这也符合我国现在的资本项目可兑换和汇率市场化的进程。首先，Libra 和人民币（即法币）之间的兑换，必须符合结售汇规定。其次，Libra 只能媒介跨境交易，不能脱离真实的交易背景。具体讲，可用于我国已承诺的完全可兑换的经常项目下货物贸易和服务贸易等交易，以及资本项下已经开放的交易，同时必须遵守现行外汇管理规定。这里面临的技术问题是，如何实现上述管理，如何识别跨境交易和境内交易，如何在 BOP 统计、数据采集等方面跟上管理的需要等。

如果以上两点做不到，我国应禁止 Libra。

三是跨境金融服务必须持牌经营，金融牌照必须要有国界。比数字货币更加现实的挑战是，随着数字技术的发展，新型金融服务层出不穷，出现了金融机构在一个国家，消费者和投资者在另外一个国家的跨境金融服务新形态，这给监管提出了越来越大的挑战。例如，一个机构拿到境外牌照，在境外建数字平台，在我国境内不拿金融牌照，但为中国境内提供金融服务（跨境交付模式的金融服务）。这属于“无照驾驶”，是一种非法的金融服务。这些非法跨境交易涉及外汇、证券、保险、支付、银行开户、贵金属交易，以及跨境的买房金融服务、跨境财富管理等。截至 2019 年 9 月底，国家外汇管理局与境内外行政和监管部门合作，处置境内外非法外汇保证金交易平台 2006 家。其中，关闭 1952 家，约谈清退 45 家，移交公安机关 9 家。

国内禁止赌博，据媒体报道，围绕中国的周边国家就出现了一个“赌博带”，它的形成借助了数字平台。笔者担心会出现基于数字平台、拿到境外金融牌照、没有拿到境内金融牌照、专门给境内提供服务的围绕着我国的金融圈或者金融带。开这类公司的很大一部分背后是中国人，这部分市场主体做数字技术非常先进、无底线经营也有经验。

面对上述问题，对于监管者而言，应做到以下几点：第一，一定要强调持牌经营，牌照要有国界。决不允许金融服务提供商（包括数字货币提供者）只拿着国外的牌照而没有我国的牌照，在我国境内“无照驾驶”。法律另有规定的除外。

第二，监管部门一定要守土有责，转变监管理念，功能监管要落地。“过去没管过，所以现在也不管，先看看”“牌照不是我发的，所以我不管”等思想要改正。事实上，这些思想正是导致目前金融乱象的原因之一。不能使其成为跨境交付模式下、基于数字平台的跨境金融服务乱象的原因。功能监管一定要落地。

第三，打击跨境非法金融服务也需要国际监管合作。在实践当中，国际监管合作有两个难点：一方面，各个国家准入标准不一，有的国家准入严格，有的国家准入宽松。一些公司凭其资质与信誉在中国境内无法拿到金融牌照，或者此类服务在我国定性为非法所以拿不到牌照，但是在境外可以拿到牌照。这样，它在拿到牌照之后建立数字平台，通过数字平台给境内提供金融服务。国际监管协调机制应当研究，各国监管部门可否要求持本国金融机构不可拿上本国牌照跨境在其他国家提供非法金融服务，也不能在其他国家无照驾驶。

结　语

我国市场规模巨大，为不断优化营商环境，国家持续放宽市场准入，但还存在一些限制，资本项目也还未完全开放，这也是造成非法跨境金融服务的原因之一。解决问题的关键还是要深化改革、扩大开放，不断壮大我国经济实力和综合国力。

在一次交流活动中，笔者请教诺贝尔和平奖获得者尤努斯先生对技术在金融发展创新中所起作用的看法。尤努斯举了一个例子，他说："有需求就必须满足吗？比如人们有对毒品的需求，你是否要满足他？"可见，他对金融部门极端迷恋技术是有看法的。确实，一项新的技术真正要想获得市场空间，必须从现在经济金融的痛点和主要矛盾上，从服务实体经济过程中，帮助识别和管理金融风险中找到自己的市场所在。比如，这个技术是否可以对贫困人口的脱贫起到帮助作用？能否对解决中小企业融资难问题起到作用？能否对建立更有效的征信体系起到作用？新的技术到底是"良药"还是"毒品"，需要大家共同努力。确保它向着"良药"的方向发展，而非走向泡沫，毁于乱象。

本文根据孙天琦在金融四十人论坛（CF40）2019年8月10日伊春会议和10月28日上海外滩会议上的发言整理。

为何要研究发行央行数字货币

王　信

■ 央行数字货币作为重要的金融基础设施之一，对发展数字经济和零售支付、降低市场交易成本、促进货币金融稳定将起到重要作用；中国领先开展央行数字货币研发的时机已成熟。

信息化、数字化变革对经济社会产生了深远影响，也对金融服务包括货币发行带来较大冲击。央行数字货币具有高效、便捷、安全等巨大优势，一些国际组织和主要国家中央银行正在进行研究。

央行数字货币是货币演进的历史必然。从历史发展的趋势来看，货币从来都是伴随着技术进步、经济活动发展而演化的，是适应人类商业社会发展的自然选择。早期人类的劳动交换从以物易物开始，但由于实物供需相互匹配极难，效率极低，也无法进行价值统一衡量，限制了交易开展。在市场推动下，货币作为交易媒介随之出现，经过长期的演进，从最初的实物货币逐步过渡到金属货币和目前广泛使用的信用货币，货币发行权逐步由私人部门集中到国家，货币的材质、成色和形态越来越

作者现任中国人民银行研究局局长，时任中国人民银行货币金银局局长。

趋于稳定和标准化。

进入21世纪，互联网技术快速发展，带来了建立在互联网和数字加密技术基础之上的数字货币。为克服民间数字货币价值不稳、接受范围有限、难以得到持币人的普遍信任、容易产生较大负外部性等私人货币缺陷，以国家信用为保证、具有无限法偿性的央行数字货币水到渠成。央行数字货币作为重要的金融基础设施之一，对发展数字经济和零售支付、降低市场交易成本、促进货币金融稳定将起到重要作用。

从中国实际出发，领先开展央行数字货币研发具有重要意义，时机已成熟。

有利于进一步降低货币运行成本

以央行数字货币逐步替代实物现金，可有效节约现金发行成本。中国经济体量大，现金需求旺盛，截至2017年末，流通中货币（M_0）余额达7.06万亿元。

从货币发行和回笼过程看，现金即纸币和硬币的设计、印制、调运、清分、鉴别、回笼、销毁等，需消耗中央银行和商业银行巨大的人力、物力和财力。当涉及版别更替时，还将牵涉到全社会防伪知识普及和现金机具配套升级等，更是需要投入大量的成本。

从货币流通角度看，纸币和硬币的存取、携带、识别、保管也会产生一定成本，尤其是防范和打击假币犯罪支出不小。近年来，假币犯罪发展蔓延势头得到有效遏制，但滋生土壤还未根除，反假知识宣传、假币堵截能力提升、犯罪案件侦办等占用了社会大量资源。

从环境保护角度看，纸币和硬币的销毁在消耗能源的同时，也会产生一定的资源环境成本。央行数字货币在保障系统安全的前提下，除搭建系统等一次性投入外，后期运营、维护、升级的成本相对较低。

央行数字货币有助于逐步降低实物现金交易风险隐患。传统纸币和硬币是不记名的，发行之后货币的最终投向难以把控，统计、追踪等管理成本高，容易被用于贿赂、洗钱、偷漏税、毒品交易等非法用途。央行数字货币以可控匿名为原则，只对中央银行这一第三方披露交易数据，兼顾保护个人信息安全和降低违法犯罪隐患。

一方面，央行数字货币可以像纸币和硬币一样易于流通，交易信息和个人隐私不会泄露给其他第三方；另一方面，中央银行以客观公平的第三方身份获得必要的数据，可精确地测量货币流通速度、计算货币总量和分析货币结构，为宏观审慎管理提供连续、全面、真实的数据基础，同时在打击非法交易和地下经济等方面发挥重要作用，营造公平有序的市场环境，促进经济活动良性发展。

有利于提高支付安全性

零售支付的发展与社会公众对支付安全性的需求之间存在差距。近年来，为满足人们日益增长的对零售支付在便捷、安全、可携带性、防伪等方面的要求，人民银行和市场各方积极行动，推动金融科技快速发展，对支付业进行更加系统性的开发与探索，实现和完善零售支付功能。各种基于移动电信终端的支付日益普遍，一定程度上替代了现金交易，提高了支付结算效率。

互联网支付是基于银行账户的电子支付，发展迅猛，但其覆盖面仍有待扩大，且出现了挪用客户备付金、泄露客户信息、虚假交易等问题，部分产品还存在严重的监管套利。人民银行对非银行支付机构加强了监管，提出了相关要求，但由于种种原因，互联网支付的风险不容忽视，给金融稳定和实体经济带来了一定的负面影响。

央行数字货币将最大限度地保障交易安全性和覆盖面。与非银行支付机构基于商业信用的支付手段不同，央行数字货币以国家信用为支撑，与该国纸币和硬币完全等价，具有无限法偿性。央行数字货币是实物现金的数字化，根据《中华人民共和国人民币管理条例》，“以人民币支付中华人民共和国境内的一切公共和私人的债务，任何单位和个人不得拒收”，确保了支付的可靠、安全。

研发央行数字货币，是金融服务实体经济，进行供给侧补短板改革的重要内容。中国数字经济正进入快速发展的新阶段。习近平总书记在十九大报告中肯定了数字经济等新兴产业的蓬勃发展对经济建设取得重大成就的贡献。据相关研究报告显示，2016 年中国数字经济规模超过 22 万亿元。截至 2017 年上半年，中国 4G 用户超过 8.88 亿，网民规模达 7.51 亿。央行数字货币将更加高效地切合中国经济进入高质量发展阶段的特点，满足数字经济发展需要，推动经济提质增效升级。

维护国家货币发行权和金融市场秩序

民间各类数字货币名目繁多，鱼龙混杂，大多绕开中央银行搞去中心化，有可能冲击中央银行货币发行的权威性和稳健性，影响货币政策的有效实施。民间数字货币的运行与中国现行国际收支管理体制不符，容易成为规避反洗钱、反恐融资等规定的手段，有可能扰乱正常的金融秩序。

一是冲击人民币发行权和流通秩序。一些民间数字货币在网络空间特定范围内替代人民币履行交易媒介、价值尺度职能，虽属于“闭环”使用，但可通过各种渠道与人民币实现双向兑换，具有一定的“开环”风险。这些民间数字货币独立于央行发放，独立于法定货币自行清算，在新兴支付和社交工具上流通，对人民币的法偿地位形成冲击，实质上扩大了社会货币流通量，不利于中央银行精确掌握和调控货币供应量。

二是扰乱市场秩序和金融监管。比特币等民间数字货币投机性强，价格波动剧烈。一些民间数字货币的服务提供商和用户均为匿名，模糊的交易链易于掩盖其资金来源和投向，这为洗钱、非法交易、恐怖融资及逃避制裁提供了便利。

三是损害消费者权益。近年来，以民间数字货币名义进行非法集资、传销诈骗的案件频发，较突出的有万福币、克拉币、五行币等。去中心化的民间数字货币交易不可逆，且无法律框架明确交易各方权利和义务，消费者权益严重缺乏保障。一些民间数字货币发放门槛较低且与用户信息关联度高、涉及面广，一旦出现诚信或者经营问题，可能导致用户个人隐私泄露和权益受损。

四是可能危及金融稳定。若民间数字货币发展成为重要支付手段，其体系内参与者的个体风险很可能演变为系统性风险。由于缺乏最后贷款人作为保障，一旦出现风险事件，其信用体系可能面临崩溃，进而对金融稳定造成冲击。

习近平总书记指出，防止发生系统性金融风险是金融工作的永恒主题。若任由民间数字货币无序发展，不仅冲击国家的货币发行权、扰乱金融市场秩序，还将影响货币政策传导机制、削弱货币政策的有效性、倒逼人民币运作系统被动调整。加强对民间数字货币监管的同时，研究发行央行数字货币，利于正本清源，抑制公众对民间数字货币，尤其是私有加密数字货币的需求，可有效维护国家货币发行权和金融市场秩序。

有利于在大国货币竞争中抢占先机

央行数字货币研发得到国际社会高度关注。国际组织如国际货币基金组织（IMF）、国际清算银行（BIS），及主要国家的中央银行，均高度关注有关数字货币方面的研发工作，并已取得一定成果。

英国中央银行最早开展央行数字货币研究，相关研究机构于2015年底提出RSCoin原型方案。加拿大中央银行与相关机构合作发布了CAD-coin设计方案，探索分布式账簿技术在银行间大额支付系统的应用，证明了中央银行可以利用分布式账簿技术实现跨行结算。新加坡金管局与相关机构开展合作（Ubin项目），旨在开发一个基于“数字新加坡元”的高效支付结算系统，以降低支付结算运营成本。瑞典中央银行于2017年初启动了电子克朗（E-krona）研发计划，主要用于个人之间的小额支付，并可实现离线场景。此外，俄罗斯、荷兰等国中央银行，以及美国民间研究机构也开展了央行数字货币概念设计，取得了一定进展。中国领先开展央行数字货币研发，有利于在货币的应用形态、技术标准等方面抢占先机，在大国货币竞争中占据主动。

中国已在央行数字货币研发方面积累了一定的研究成果，具备深入推进研发的理论和技术基础。人民银行一直高度关注数字货币发展，积极开展相关研究工作，迎接货币形态革命的挑战。从2014年起，人民银行组织专家成立专门的研究团队，对央行数字货币定位、投放模式、管理框架、关键技术等一些关键性问题进行了积极探索，并已取得阶段性成果。

央行数字货币是新生事物，高度复杂，涉及面广，尤其中国幅员辽阔，货币流通环境复杂多样，各地区发展不平衡，民众受教育程度存在差异，研发难度更大。历史上，中央银行与商业银行等业界一直在共同承担货币的支付业务：中央银行传统上负责法定货币的印制发行、监管与清算；中央银行与商业银行共同负责投放、回笼、清分、反假货币，以及反洗钱、支付效率提升等职能。中国央行数字货币仍可沿用这一机制，通过充分调动市场力量，共同开发、共同运行，保证方案和性能最优。

《财新周刊》（2018 年 09 期）

数字货币技术实现框架

王永红

以比特币为代表的虚拟货币风靡全球，国内外金融机构、科技公司、投资基金投入大量资源，开展虚拟货币的研发与应用。虚拟货币的快速发展引起了各国政府和货币当局的高度关注，为适应新的技术发展与满足新的市场需求，部分国家的货币当局开始研究、设计并尝试发行具有法定地位的数字货币。本文概要分析数字货币的主要特点及核心技术，并尝试构建支持数字货币体系的一种技术框架。

一、数字货币主要特性

数字货币作为具有法定地位的货币并有效替代流通中现金（M_0），须实现代表国家信用、安全存储、安全交易、可控匿名流通等目标。货币当局通过国家立法形式实现数字货币代表国家信用，设计并实现可流通性、可存储性、可离线交易性、可控匿名性、不可伪造性、不可重复交易性、不可抵赖性这七个主要技术特性（见表1），则可实现数字货币的其他目标。

作者系农信银资金清算中心董事长。

目前国内流行的网上银行、支付宝、微信支付等电子支付手段，都是基于账户记载发生额和余额的支付手段，支付行为引发资金在账户间转移，依赖于清算组织以及央行完成资金清算和资金转移。数字货币作为一种支付手段，在数字货币用户之间“点对点”转移，是一种自助、自主完成的行为，既不依赖于账户记载，也不需要清算组织以及央行完成最后的资金转移。因此，电子支付是有账户的中心化模式，数字货币是无账户的“去中心化”模式。另外，与比特币通过“挖矿”产生不同，数字货币由货币当局主动发行和保证偿付，与纸币和记账货币具有等值对应关系。

表 1　数字货币主要特性及其主要内容

主要特性	主要内容
可流通性	数字货币可作为流通和支付手段，在经济活动中进行持续的价值运动。
可存储性	数字货币以电子数据的形式，安全储存在机构或用户的电子设备中，可供查询、交易和管理。
可离线交易性	数字货币通过电子设备进行交易时，可以不与主机或系统发生直接联系，可以不通过有线或无线网络与其他设备或系统交换信息。
可控匿名性	除货币当局外，任何参与方不知道、不掌握货币拥有者或者以往使用者的身份等相关信息，确保交易过程不可追踪。可控匿名性是货币当局履行反洗钱、反恐怖融资等职责的现实选择。
不可伪造性	数字货币在制造和发行过程中，通过多种安全技术手段保障货币不能被非法复制和伪造。
不可重复交易性	数字货币拥有者不可将数字货币先后或同时支付给一个以上的其他用户或商户，即防止业界俗称的“双花”行为。
不可抵赖性	数字货币交易双方在交易后，不可否认交易行为及行为发生的各类要素。

二、数字货币核心技术

要实现数字货币“四可三不可”的主要特性，可依托安全技术、交易技术、可信保障技术这三个方面的 11 项技术构建数字货币的核心技术体系（见图 1）。

图 1　数字货币核心技术体系

（一）以安全技术保障数字货币的可流通性、可存储性、可控匿名性、不可伪造性、不可重复交易性与不可抵赖性。数字货币安全技术主要包括基础安全技术、数据安全技术、交易安全技术三个层面。

基础安全技术包括加密技术与安全芯片技术。加密技术主要应用于数字货币的币值生成、保密传输、身份验证等方面。安全芯片技术主要包括终端安全模块技术和智能卡芯片技术，芯片、终端内置的安全模块作为安全存储和加密运算的载体，为数字货币及交易提供有效的基础性安全保护。

数据安全技术包括数据安全传输技术与安全储存技术。数据安全传输技术以加密、散列、数字签名等方式传输数字货币以及交易信息信息，数据安全存储技术通过加密存储、访问控制、安全监测等方式储存数字货币信息。在数字货币体系中，数据安全技术确保各种信息和支付行为的正确性、完整性和不可抵赖性。

交易安全技术包括匿名技术、电子认证（身份识别）技术、防重复交易技术与防伪技术。数字货币设计者使用盲签名（包括盲参数签名、弱盲签名、强盲签名等）、零知识证明等匿名技术，实现数字货币的可控匿名性；通过认证中心验证用户的数字证书，确保数字货币使用者身份的有效性；使用防重复交易技术核实数字签名、流水号、时间戳等信息，确保数字货币不被重复使用；使用数字签名等防伪技术，确保数字货币及其支付交易的不可抵赖性。

（二）以交易技术实现数字货币的在线交易与离线交易功能。数字货币交易技术主要包括在线交易技术与离线交易技术两个方面。数字货币作为具有法定地位的货币，任何单位或个人不得拒收，这就要求数字货币可用于在线或离线（无网络或不接入网络）环境，通俗而言就是“有电即可交易”。在线交易技术通过设备交互、数据传输、交易处理等实现数字货币的在线交易业务；离线交易技术则是设备处于“网络外”状态时，实现数字货币的离线交易业务。

（三）以可信保障技术为数字货币发行、流通、交易提供安全、可信的应用环境。数字货币可信保障技术的核心是可信服务管理技术，其基于可信服务管理平台（TSM）保障数字货币安全模块与应用数据的安全可信，为数字货币参与方提供安全模块（一种芯片，实际是具有计算和存储能力、安全管理能力的微型计算机）与应用生命周期管理功能。可信保障技术能够为数字货币提供应用注册、应用下载、安全认证、鉴别管理、安全评估、可信加载等各项服务，确保相关软硬件设施和服务是官方认可的，能够有效确保数字货币系统的安全可信。

三、数字货币系统实现框架

针对上述特征，一种可操作、可持续运行的数字货币系统的实现框架，应包括发行与储存系统（对应于发行方）、安全可信基础设施、登记中心、支付交易模块、终端应用模块（对应于用户）五个部分（见图 2），以及上述各部分之间的运行和安全保障机制。

（一）发行与储存系统，主要包括数据货币发行库、银行库，前者指存放央行数字货币发行基金的数据库，主要记录面向各商业银行发行数字货币的数据，后者则是商业银行存放待发行数字货币的数据库，主要记录用户的数字货币申请、兑换等数据。“两库”从技术角度而言可以合二为一，但分设“两库”的做法与现行的货币发行体制相对应，且有利于调动商业银行参与发行、推动应用数字货币的积极性。需要强调的是，在“去中心化”模式下，上述数据库不记录用户当前或曾经拥有的数字货币数量（余额）。

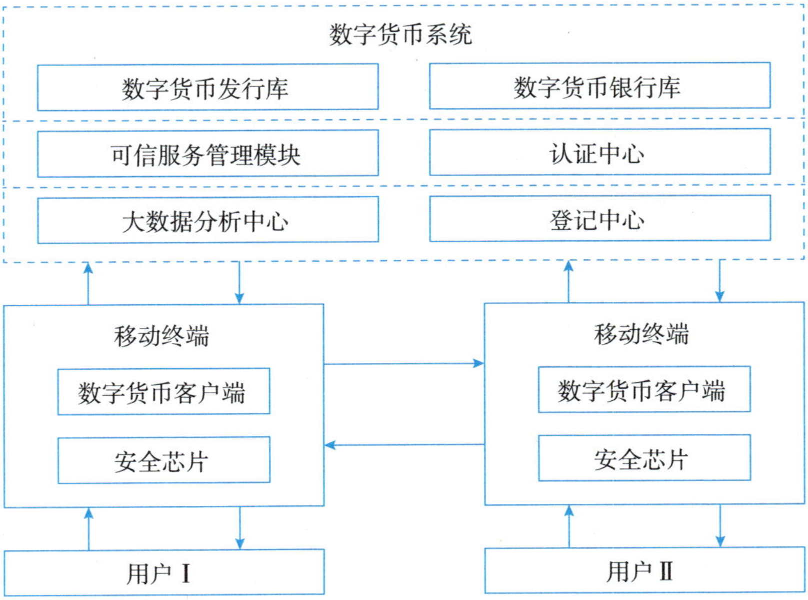

图 2　数字货币系统实现框架

（二）安全可信基础设施，包括认证中心、可信服务管理模块、大数据分析中心等。认证中心主要对数字货币相关机构及用户的身份信息进行集中管控，负责签发电子认证证书（即数字证书），并提供用于系统、设备之间联接的证书接口，为数字货币交易各参与方提供安全的支付通道。可信服务管理模块主要为各参与方提供各类应用（基于安全模块）的发行及管理，支持多种业务的接入，具有认证并授权数字货币应用发展其业务的功能。大数据分析中心主要运用大数据、云计算等技术，统计、分析客户交易行为，保障数字货币交易安全，防范洗钱、恐怖融资、欺诈交易等违规违法行为。

（三）登记中心，主要记录和发布数字货币的转移记录（相当于交易流水），包括数字货币产生、流通、消亡（兑换）的数量。登记中心可以不止一个，可以由发放数字货币的商业银行“兼职”。借助于这些公开发布的信息，全体用户、登记中心都可以通过技术手段识别、验证数字货币与用户之间一一对应的隶属关系及其变化情况，从而确认数字货币是否完成隶属关系转移（即收付行为是否完成），以及是否属于用户重复使用。

（四）支付交易模块，这是“隐藏”在各种设备背后的软件模块和支付机制。用户使用智能终端以及客户端（APP），既可以实现在线支付（又称为远程支付），也可以在无网络环境中实现离线支付（又称为近场支付或射频支付），后者的表现与闪付、“面对面收款”相类似。由于有严密的防抵赖机制，以及在客户端有严密的数字货币增减控制机制，离线交易的风险不会更大。

（五）终端应用模块。终端应用模块主要包括移动终端、客户端、安全模块等。移动终端由消费者与商户持有，集成了通信模块和安全模块，客户端就是我们常说的“钱包”，其中的数字货币等关键数据存储在移动终端内置的安全模块中。在“去中心化”模式下，用户拥有数字货币的数量（余额）仅存于自己的钱包中，并随着收付操作增减数量，而不是传统的在商业银行的存款。

四、对几个相关问题的思考

（一）数字货币使用方式。数字货币较为可行的支付载体包括移动终端（如智能手机、可穿戴设备）与智能卡，透过表 2 的比较分析可以看出，基于移动终端的数字货币应用场景较为丰富、使用便捷性较高、受众群体更广、推广应用成本较低，是数字货币较为理想的应用方式。

表 2　基于移动终端与基于智能卡数字货币比较分析

	基于移动终端的数字货币	基于智能卡的数字货币
安全性	终端中加载安全模块，安全性高	智能卡基于专用芯片，安全性高
应用场景	可以基于移动互联网支持线上交易，依托近场支付提供线下交易，实现线上线下交易的融合发展，应用场景丰富	仅依托受理终端支持线下交易，应用场景仅限于线下场景
便捷性	能够突破时间与空间限制，在移动网络的环境下，提供随时、随地、随身的金融服务	需要在特定时间、特定空间提供金融服务
受众群体	拥有移动终端的用户均可能成为数字货币的群体	需要申请智能卡才能成为数字货币的用户
推广成本	移动终端普及率高，货币发行成本相对较低；可以借助移动支付受理环境，应用成本相对较低	重新发卡，需要一定的发卡成本；重新布放终端或改造现有终端，改造成本较大

（二）专用加密算法。加密算法是一系列算法的统称，其中，对称加密算法（加密秘钥和解密秘钥相同）主要用于防止信息泄露，非对称加

密算法（加密秘钥和解密秘钥不同，但两者具有一一对应关系）主要用于验证数字货币交易参与方的身份，散列算法主要用于防止信息被篡改，上述算法组合形成的数字签名算法主要用于防抵赖。

鉴于加密算法是数字货币体系中的核心、基石，应由国家密码管理部门专门研制，并与时俱进迭代更新。

（三）数字货币系统框架。通常来讲，从是否具备多节点协同处理能力的角度，数字货币系统框架可分为集中式与分布式。集中式系统框架处理支付交易的数据一致性更好，但扩展性不足、宕机风险大等；分布式系统框架采取分布式处理、分布式存储等技术实现高扩展性，多节点保障系统安全与稳定运行，整体上降低数字货币体系的运营风险。

数字货币作为法定货币，交易规模将会逐渐扩大，需要系统具有很强的并发处理能力、可持续的扩展性，并保证交易实时性，建议数字货币系统采用分布式的系统架构，结合云计算的技术优势部署业务系统，为海量数字货币交易提供有效支撑，持续保障交易的便捷性与安全性。

数字货币的理想与现实

杨 涛

近期，全球加密数字货币价格颇不稳定，比特币从2017年底两万美元左右的巅峰一路跌破7000美元，又在一天内飙升逾11%。市场巨幅波动，各国对于数字货币的态度也有诸多差异。有的宣布将发行世界上第一个主权法定数字货币，表现出“力挺”姿态，更多国家谨慎观察，着眼于研究和引导。

之所以如此，一是因为面对数字货币“大杂烩”，各国的关注点可能根本就不相同。如委内瑞拉的“石油币”，本质更像是数字债务，而非货币。二是掺和了货币以外的因素，如国内政治、国际竞争等。三是数字货币在各国的“粉丝”规模与影响力不同，包括可能的负面影响，如灰色交易、洗钱等。四是各国的法律完备、监管严厉程度有异。五是各国的认知角度不同，有的关注其货币属性，有的则更倾向于作为类资产、大宗商品等。

因此，探讨数字货币的内涵，我们必须厘清一些模糊的概念。比如，是央行主导的法定数字货币，还是民间非法定数字货币；是加密数字货币，

作者系中国社会科学院金融研究所所长助理。

还是货币电子化；是否属于“挂羊头卖狗肉”的“劣币”。

新技术确实使得货币的概念边界变得更加模糊。从理论上来说，新货币经济学指出了货币消失的可能性，即法定纸币不再是唯一的交易媒介，并最终被产生货币收益、由私人部门发行的金融资产所取代。从现实来看，尽管法定货币的地位仍不可动摇，但历史上也出现过各种局部场景的私人货币，如20世纪20年代货币失控的德国曾有过“瓦拉”系统。现在，带有“去中心化”特征的数字货币，更使得私人货币的挑战日益突出。

事实上，无论是传统“私人货币”，还是类似于比特币的新型“私人货币”，都对各国货币当局的“货币权力”带来影响。但是从技术角度来看，全面禁止数字货币难以实现，各国更多着眼于交易中的底线监管与投资者保护，如反洗钱、市场操纵等。

就广义角度来看，货币电子化对现有体系的冲击最为深远，因其直接影响货币供给的统计范畴、货币传导机制、支付清算的效率等。由于数字化时代的到来，可纳入“准货币”的资产类型不断增加，使得着眼于货币数量的政策操作与宏观指标间的相关性、联动性逐渐弱化。就狭义角度来看，以比特币为代表的数字货币，其自身的“货币属性”并不突出，更多被作为特殊的资产或商品，因此其实质影响往往不在货币层面，而在金融市场与金融稳定方面。

现有的货币、金融体系并非是自然演进的，而是法律限制或政府管制的必然结果。虽然加密数字货币存在众多缺陷，但也是具有价值的实验，尤其是在超主权货币探索方面。与贵金属货币、信用货币的价值依托有所不同，其面向的是数据时代的“交易基准共识”的发掘。当然，如果受到太多价格波动、投机炒作、通缩限制等影响，加密数字货币在支付功能方面无法真正落地，则只能距离“货币实验”越来越远，或者成为某种特殊的基础“数字资产”，或者在历史长河中昙花一现。

《人民日报》（2018年04月16日　22版）

数字人民币成功落地需破解三大难点

黄国平　孙会亭

一、数字人民币发展背景与动因

2009年，世界上首个虚拟数字货币比特币横空出世，打破了中央银行发行货币一统天下的局面。比特币一经产生，依托区块链技术，凭借其加密性、去中心化、匿名性（化名性）特点，备受青睐，价格暴涨。随即，基于区块链和去中心化思想的加密货币（如莱特币、以太币）等相继涌现，并作为支付媒介应用于不同的交易场景和途径。诚然，工作量证明等"挖矿"机制赋予了比特币等虚拟数字货币的价值属性，匿名性（化名性）和哈希不可篡改性等性质保证了他们具有较强的使用价值，然而，比特币等虚拟货币背后既没有国家信用背书，也没有相应储备价值资产支撑，市场价格波动太大，投机性能超强。近年来，"币圈"市场中各种形式的ICO发行和交易已在全球范围内严重影响金融和货币市场的正常秩序。

黄国平：中国社会科学院投融资研究中心主任；孙会亭：中国社会科学院研究生院。

2015年以来，以USDT为代表的所谓“稳定币”出现，通过建立与美元等法定货币稳定兑换（如USDT与美元兑换为1：1）关系，试图搭建法币与虚拟币之间的桥梁，打通虚拟数字货币与法定货币市场的联系。但是，没有国家信用支持的中心化发行和管理模式存在道德风险，备受市场质疑，实践效果也确实不彰。

2019年6月，Facebook领衔的Libra项目白皮书和测试网正式发布。根据白皮书对Libra的愿景和定位，Libra币着眼于数字支付和普惠金融，致力于为全球用户，尤其是对金融基础设施落后的国家，以更低的成本和更快的速度进行货币支付和流通。相较于比特币等数字货币，Libra具有真实的资产储备，无固定总量，更倾向货币支付功能，价格可能较为稳定，无明显升值能力。

为积极主动应对虚拟数字货币对现有货币和金融体系的影响，我国央行在2014年已经就开始研究（法定）数字货币。2015年，央行对数字人民币发行和业务运行框架、数字货币的关键技术、发行流通环境、面临的法律问题、对经济金融体系的影响、法定数字货币与私人发行数字货币的关系以及国际上数字货币的发行经验等进行了深入研究，并形成系列研究报告。2016年1月，央行召开数字货币研讨会，对发行数字货币的总体框架、法定加密货币等问题进行探讨，提出将早日推出数字人民币。2019年8月以来，人民银行通过权威渠道对外公布了法定数字货币（数字人民币）研究和发行准备情况。

近年来，我国的电子商务不断发展，移动终端设备普及率提升，第三方支付位于世界前列，这为我国发展数字货币奠定了良好的网络环境。另外，近日发布的《关于支持深圳建设中国特色社会主义先行示范区的意见》也明确指出，支持在深圳开展数字货币研究与移动支付等创新应用，这也为数字人民币发行和落地实验提供了良好的实验场所和发展机遇。

二、先进性和运营构架的合理性兼顾

现阶段，我国数字人民币设计和发行注重 M_0 替代，而不是 M_1、M_2 替代。同时，为保持数字人民币的货币属性，实现货币政策和宏观审慎管理目标，我国法定数字货币采用双层运营体系，并坚持中心化的发行和管理模式。

数字人民币之所以注重对 M_0 替代，一是现有的纸币和硬币存在很多的缺点，例如印制发行成本高、携带不便等，因此存在数字化的必要；二是基于商业银行账户的 M_1 和 M_2 已经实现了电子化或者数字化，没有再次数字化的必要；三是有助于维持现有货币体系稳定，不改变现有债权债务关系，不改变二元账户结构，不会对商业银行造成挤兑；四是央行数字货币替代 M_0，使数字货币具有和现钞一样的价值尺度、流通手段、支付手段和价值储藏等职能，以央行信用做担保，保证其无限法偿性。

数字人民币之所以采用双层运营结构体系，一是双层运营有利于充分利用商业机构现有资源、人才、技术等优势。在安全、可靠的前提下，中央银行不预设技术路线，充分调动市场力量，通过竞争来实现系统优化，共同开发、共同运行，这既有利于整合资源、发挥合力、促进创新，也有助于提升社会公众对央行数字货币的接受度。二是双层运营有助于分散化解风险。数字人民币直接服务公众，涉及千家万户，仅靠央行自身力量进行研发和支撑，存在技术、资金、经验和市场等诸多方面的风险和困难，通过双层运营的设计，可避免将风险过度集中。三是双层运营可以避免“金融脱媒”。一旦央行直接对公众投放数字货币，央行数字货币与商业银行存款货币将形成竞争关系，进而影响商业银行的贷款投放能力，增加社会融资成本，损害实体经济，甚至引发颠覆现有金融体系，出现央行包打天下的“大一统”局面，妨碍现有金融和货币体系稳定运行。

数字人民币 M_0 替代设计，决定了数字人民币天然具有“稳定币”属性，为人民币将来与各类虚拟加密货币建立密切联系预设了沟通桥梁，奠定了坚实基础。同时，数字人民币双层运营结构模式设计与 Libra 币具有异曲同工之妙。与数字人民币“中央银行 – 商业机构”双层运营模式相类似，Libra 币采用的是“Libra 协会 – 授权经销商”运营模式。Libra 币需要法定资产等额兑换 Libra 币，数字人民币要求运营机构 100% 全额缴纳准备金。至于准备金的管理，数字人民币运营机构缴纳的准备金由央行进行管理，和传统法定准备金一样作为央行的负债，保证了数字货币的法定效力，而且在一定程度上防止了超发货币和挤兑风险。Libra 储备资产则由 Libra 协会交给全球具有较好信用评级的托管机构持有，以确保资产稳定性与安全性，获取的利息收入用于维护系统运营。

数字人民币天然法币属性决定了数字人民币由中央银行采取“中心化”模式的发行和管理，Libra 币全球网络货币定位促使它采用相对“去中心化”的组织结构和发行管理模式。理论上，中心化模式有助于提高运营效率，维护币值稳定，强化金融监管，“去中心化”模式则更有助于交易的便利性和匿名性（化名性），因而也更易于被市场和投资者接受和使用。

三、未来发展与成功的条件

数字加密货币作为一种更加便捷的新型支付手段和价值储藏工具，可能对现有的货币和金融体系构成严重挑战和冲击，世界主要国家央行和监管当局在竞相参与研发的同时，也密切关注其未来发展趋势和方向。英格兰银行已初步设计和实现中央银行数字货币原型系统，但公开表示法定数字货币可能存在一些风险，短期内不会发行。加拿大监管当局一方面在积极研究法定数字货币发行动机及可能引发的后果，同时着手分布式账本技术对金融领域影响进行测试。新加坡金融管理局正式启动了数字货币项目，从业务分析和技术实践两方面为法定数字货币的发行做准备。另外，IMF 也正着手尝试推出 SDR 版的数字货币 eSDR，以应对全球数字货币发展的挑战。目前，数字人民币设计、发行和落地准备已走在法定数字货币前列，可能开启了一个法定数字货币新时代。

数字人民币发行和落地是否成功，可能的关键条件在于：一是良好的发行兑换激励机制和畅通灵活的兑付通道。数字人民币一级发行承兑能否获得商业银行等机构的积极支持和响应，取决于数字人民币的验证和记账（也即所谓的“挖矿”）是否有公平、合理的激励机制，这一问题可能是数字人民币正式发行和落地之前必须解决的关键问题。兑付通道是用户与数字人民币发行机构（央行）进行兑付的通道，如果兑付通道不畅通，当市场上对数字人民币的需求突然增大或减少时，只能通过场外用户间的交易进行，很容易让数字人民币的价格产生波动，偏离正常水平，从而对现有货币和金融体系造成不可预知的巨大冲击。

二是市场接受程度和应用场景适用性。市场接受度和应用场景是数字人民币重要指标，只有具备足够的使用需求，才能保证人民币的流动性。当前，支付宝、微信支付在中国场景性支付和消费中占据重要份额，国内用户和市场已对此形成路径依赖，数字人民币应加强与现有的支付和金融机构的合作和融合，形成广泛细微、覆盖线上线下的服务模式，提高市场接受程度和应用场景的适应性。

三是全球化的合作伙伴和灵活的监管适应性。未来，我国要用数字人民币作为工具和手段推进人民币国际化，就需要在全球范围内寻找可靠的合作伙伴，鼓励他们积极参与数字人民币的发行与承兑，提高数字人民币渗透率和在全球范围内的接受程度。这也意味着我国对数字人民币应采取更加开放的态度，例如，允许数字人民币真正发挥“稳定币”功能，搭建人民币和虚拟数字货币之间的桥梁，允许数字人民币与美元等法定货币之间实现可自由兑换等。同时，在发行制度和监管方面，力求更大的灵活适应性，以满足各国对于数字货币和货币交易支付中的监管审查。

《中国证券报》(2019 年 09 月 21 日　A7 版)

数字货币发行绕不过的坎

黄　震

最近，脸书宣布将开发稳定币 Libra 及其配套钱包 CaLibra，声称其使命是建立一套简单的、无国界的货币和为数十亿人服务的金融基础设施。脸书作为全球最大的社交网络平台，准备动用其丰富的资源推出特别宏大的发币计划，或许将实现超主权货币与创新性技术结合，这再一次激发了颠覆世界货币金融体系的无限想象。

Libra 发币计划可谓“一石激起千重浪”，迅速引发各界关注和全球热议，中国以及众多主权国家都进行了密切关注和热烈讨论。特别是一些国际组织，如国际货币基金组织（IMF）针对这一挑战，提出了自己的发币计划。据报道，美国众议院财政服务委员会已致函要求脸书停止开发，信中提道：“Libra 和 CaLibra 可能会对以瑞士为中心的一个新全球金融体系产生帮助，而该体系将会挑战美国的货币政策和美元地位。”

为什么会出现上述这种状况？首先，脸书作为全球最大的社交平台拥有庞大的活跃用户数量，一旦发币成功，将会出现前所未有的规模效应。其次，Libra 白皮书中提到的应用场景、使用范围、商圈规模极其庞

作者系中央财经大学教授、金融法研究所所长。

大，它让数字货币不再只是停留在虚拟空间，而是有更多实体场景应用。再次，更令人吃惊的是，Libra 的发币计划有非常多的主流金融机构参与，特别是 Visa、Mastercard 等国际知名支付机构也踊跃参与，因此 Libra 融入主流金融市场的可能性更大。

针对脸书的发币计划，我们没有必要过度恐慌和过度解读，而应该进行理性反思和预测分析，提出对于数字货币现象的理论分析框架和未来全球监管框架。

从历史来看，数字加密货币虽然只有大约十年的时间，但是，十年间数千种数字加密货币，在没有主权国家监管控制下，如同脱缰野马一路狂奔。尤其是比特币，在各种力量炒作下价格暴涨、暴跌，堪称世界金融史上的罕见现象。比特币、以太坊等的应用范围主要局限于虚拟空间，而这一轮由脸书即将发行加密数字货币引发的大讨论，则意味着数字货币可能会进入一个新的阶段。

脸书的发币计划，是由在实体空间具有非凡影响力的机构来发行数字加密货币，并且有金融机构参与其中，这将在全球范围具有极大的示范效应。如果监管当局放任其行动，拥有各种资源条件的各界大佬就可能竞相仿效，进行监管套利，由实体空间转向发行数字加密货币，可能会抢走主权国家的铸币权，导致主权国家损失铸币税，冲击现行的主权国家货币体系和国际货币体系，所以数字加密货币问题显得格外严峻。

在数字加密货币的冲击下，传统货币理论乃至整个金融理论也遭受了巨大挑战。在传统金融理论里，货币的国家化是大家习以为常的事情。货币是以国家信用背书，以国家主权强制力保障实施的一种交易凭证，近代以来已经为各国主权所控制。但是，由于主权国家往往超发、滥发货币，常常导致严重的通货膨胀，国民财富遭受损失，以及经济社会动荡不安。

对于各国货币当局的超发、滥发问题，很多经济学家表示了不满，也试图提出新的解决方案。其中最具代表性的理论是由哈耶克提出的货币非国家化。他指出在主权国家控制之下的信用货币超发问题是其自身无法克服的，因此应该回到货币发行的非国家化道路，比如让企业来发行货币，或让其他市场主体来发行货币。这种设想曾经激发了很多人的想象，但是一直没有找到实现方案。直到比特币的横空出世，让人们又看到了哈耶克的货币非国家化主张实现的希望。

过去的百年历史中，如何让货币的币值稳定？在金本位崩溃之后世界各国一直没有很好地解决这一问题。虽然有学者呼吁回归金本位，然而要回到金本位已经不可能。还有货币的寻锚问题，锚定什么样的资产才能够让货币的币值稳定？货币发行数量如何与经济发展相匹配和相适应？传统货币理论的一系列问题，在数字加密货币领域依然有待解决。

虽说比特币在其名字上冠以“币”之称，但实际上监管当局还是把它视为一种数字资产或一种虚拟货币，并不是严格意义上的货币。既然货币的金本位无法回去了，货币的发行也绕不开主权国家，那么究竟该如何来评判脸书的这种发币行为，以及对它进行下一步的预测？我们可着重从以下几个方面进行思考。

第一，数字货币是全球经济金融发展的大势所趋，任何主权国家都不能回避也无法回避。目前市面上的数字加密货币主要由互联网企业发行，并且已经形成相当大的用户规模。虽然主权国家不承认其为货币，但事实上，它已经具备了私币特点，在一些商圈发挥了巨大作用。

第二，主权国家发行数字货币必须尽快提上议事日程，才能应对数字加密货币抢夺铸币权的挑战。主权国家是否能够推出数字货币，何时推出数字货币，推出的路径是什么等问题应该尽快研究解决。

第三，数字货币具有全球化和超主权的特征。全球化的超主权数字货币究竟由谁来主导，如何进行监管？当前各主权国家面临着重大决择。是任由比特币、Libra 等发展成为事实上的世界货币或超主权的全球货币，还是由主权国家来主导、探索形成全球货币或者世界货币？世界各国应该通力合作共同探讨解决。

就目前而言，Libra 想要绕过主权国家几乎是不可能实现的跨越。如果 Libra 成为所谓超主权的全球货币，那么必然会触动美国的货币政策和美元地位，乃至其他主权国家的利益，引起主权国家的抵制。美国国会已经有议员提出对 Libra 发币计划进行质询。未来，Libra 发行计划是否行得通，取决于美国政府以及其他主权国家金融监管政策，以及由主权国家组成的国际货币组织的态度。

基于对以上问题的分析，对于未来全球数字货币的发展道路，笔者认为有如下三种方案可以讨论。

第一种方案：对比特币、以太坊乃至将来的 Libra 进行收编，将来逐步纳入监管，也就是所谓的“染色方案”。对事实上已经具有世界影响的全球货币或世界货币进行收编认可，由各主权国家逐渐纳入监管轨道。目前具备前提条件，但收编或染色有很多技术问题需要解决，主权国家对这一方案的认可有难度。

第二种方案：由现行国际货币基金组织或类似的组织发行超主权的国际货币或者全球货币。国际货币基金组织在 Libra 推出计划之后，也声称即将推出 IMFCoin。在当前国际货币基金组织一篮子计划中推出数字货币，即中国学者姚余栋和杨涛提出的 eSDR 方案，或许是当前条件下数字货币推进的最佳选择。

第三种方案：由各主权国家发起创设新的数字货币国际组织，推动发行全球性的数字货币。或者，主要数字货币发行机构主动与主权国家监管当局合作，共同发起全球性质的数字货币国家组织。但是，创设新的国际组织合作协调尚需时日。

以上三种方案都具有一定的可行性，但无论哪一种方案，都离不开主权国家的介入和货币监管当局的应对。尽管乐观者对于 Libra 发行计划充满期待，并且给予极高的评价，但我们还是要回到现实世界。脸书的发币计划引发各主权国家的关注，也会激发这些国家加速对主权数字货币的探索。总体来说，Libra 计划是推动全球货币加速进入数字货币阶段的重要契机，或许将催生全球数字货币监管框架，也会激发当代经济学家和金融学家重新反思货币金融理论和金融监管制度，跟上新一轮科技革命与金融变革的步伐。

《中国金融》(2019 年 14 期)

二、认识：数字货币的本质

数字货币是指以数字形式存在的货币，在不同语境下，有着不同的内涵和外延。国际货币基金组织（IMF）称之为“价值的数字表达”。

数字货币：重构货币体系？

李礼辉

2009 年，基于区块链技术的比特币面世。10 年后的 2019 年 6 月 18 日，由全球社交网络巨头 Facebook 主导的数字货币 Libra（磅 / 天秤座）测试网上线，预定 2020 年正式运行，目标是成为一个不受华尔街控制、不受中央银行控制，可以惠及数十亿人的全球性货币和财务基础设施。

1944 年 7 月确立的布雷顿森林体系建立了以美元为中心的国际货币体系，美元直接与黄金挂钩，各国货币则与美元挂钩，并可按固定的美元价格向美国兑换黄金。布雷顿森林体系的建立，促进了战后西方国家的恢复和发展。然而，此后多次爆发的美元危机和美国经济危机，逐渐暴露了这种国际货币制度难以解脱的矛盾。27 年后的 1971 年，尼克松政府宣告布雷顿森林体系终结。国际货币体系的这一次解构，最大的变化是解除了美国按固定价格兑付黄金的保证。不过，48 年过去了，美元依旧是最主要的国际货币，美国依旧拥有全球货币霸权的地位。

斯坦福大学教授 Brian Arthur 指出，“经济会随着技术的进化而改

作者系第十二届全国人大财经委委员、中国银行前行长。

变它的结构，即改变它的制度安排方式。”

数字货币会不会重构货币体系？这里做一些探讨。

我认为，采用数字化技术的货币形式可以称为数字货币，数字货币可以区分为法定数字货币、虚拟货币、可信任机构数字货币。

一、法定数字货币：传承与替代

具有法定地位、具有国家主权背书、具有发行责任主体的数字货币构成法定数字货币，或称中央银行数字货币。

多个国家的中央银行早就宣布启动数字货币研发。但关于法定数字货币的基本架构，各国还在论证和权衡，尚未做出抉择。中国的法定数字货币研发历时 5 年，根据央行官员近期披露的有关信息，我国的法定数字货币可能称作 DC/EP，Digital Currency/Electronic Payment，即数字货币与电子支付。这里做一些解读。

第一，采用双层运营投放体系，传承间接发行模式。

应用区块链等数字技术，法定数字货币可以采用“中央银行 - 公众”的直接发行模式。在直接发行模式中，中央银行可以拥有货币市场调控的绝对权力和能力，可以直接吸收公众存款，这就将限制商业银行的初始信贷能力。如果选择法定货币“中央银行 - 商业银行 - 公众”的间接发行模式，则将传承现行的货币市场运行机制和货币政策传导机制。

传承现行模式的好处是节约和稳健。一是不必另起炉灶再造金融基础设施，有利于节省投资；二是不必除旧布新重构货币发行与管理格局，有利于管控风险；三是不必瞻前顾后衔接不同特性的货币发行模式，有利于稳定市场。

第二，采用并行技术路线，坚持央行中心管理模式。

有人认为，现有的区块链技术无法达到超大市场零售级别的高并发需求，目前宜保持技术中性，不依赖单一技术。可以采用“赛马”机制进行技术路线的竞争，指定不同机构采取不同技术路线并行研发，通过技术竞争和市场选择实现法定数字货币的系统优化。

央行应该会坚持中心化的管理模式，以保证货币政策传导机制的可靠性，保证货币调控的效率，防止金融机构货币超发。

央行对智能合约一直保持审慎的态度，但可能会支持有利于货币职能实现的智能合约技术应用。

第三，采用“账户松耦合”方式，替代货币 M_0。

微信支付、支付宝等电子化支付工具采用“账户紧耦合”方式，需要绑定银行账户，通过银行账户进行价值转移，在实名制的账户管理制度下，无法实现匿名支付的需求。法定数字货币可以采用“账户松耦合”加电子钱包的方式，脱离银行账户实现端对端的价值转移，减轻交易环节对金融中介的依赖，并且在央行许可的范围内实现可控匿名支付。

目前我国法定数字货币的设计可能只限于替代 M_0，即流通中的现金，而非狭义货币 M_1 和广义货币 M_2。这取决于对我国的 M_0、M_1、M_2 实际市场需求和数字化程度的判断。

在我国，微信支付、支付宝应用数字技术，构建以信任链接为纽带的支付和生活服务平台，突破传统支付模式，已经实现十亿级的直线链接。微信支付、支付宝占领了零售支付市场，现金、ATM 的交易笔数不断缩减，银行卡成为微信支付和支付宝的账户卡，退守大额支付市场。

我国设计中的法定数字货币理论上可以脱离网络、脱离银行执行价值转移。但最终能否替代传统货币形式，取代新兴的电子支付工具，成为主要货币形式和主要支付工具，将取决于 4 个关键因素：效率更高，成本更低，具有商业价值的经济规模，具备社会认可的可靠性和安全性。

二、虚拟货币：经济基础与技术缺陷

如何定义公有区块链社区的 coin 或 token？有的强调数字技术特征，将 coin 称为“加密数字货币”；有的强调金融属性，将 token 称作“通证”。我的粗浅看法是，如果认同货币的本质是“一种关于交换权的契约”，就应强调“交换权”的经济依托及其金融属性。coin 或 token 不仅在虚拟社区内成为价值标记和支付工具，而且可以与法定货币交易，形成交易价格，也就具备了金融工具属性。因此，将 coin 或 token 定义为“虚拟货币”可能更为贴切。

同时应该明确，虚拟货币如果没有合格发行责任主体、没有实体资产支撑、没有足够的信用背书，也就区别于法定数字货币，也区别于可信任机构数字货币。

2009 年，当比特币带着区块链标签面世时，很少人能够洞察未来。最近 2 年，虚拟货币大起大落，暴跌暴涨；有人挖矿，有人投机；有人发财，有人破产；极少数获准成为证券，大多数涉嫌非法集资。

以比特币为代表的虚拟货币得以生长，其实具有经济层面的原因。

一是虚拟货币的生存土壤。“去中心化”架构的公有链本质上属于实行自规则的自组织，通行网络共识的治理机制和发行虚拟货币的激励机制，虚拟货币是参与者认可的等价物和支付工具。

二是虚拟货币的市场需求。虚拟货币交易可匿名、可跨境、难管制，既可用于公有链社区，也可用于灰黑色交易，可能成为资金非法流动的工具和投机交易的工具。全球“暗网市场”一直存在毒品、枪支、色情等非法交易，规模难以计量，需要“地下”可信任、“地上”难管控的支付工具。

三是虚拟货币的投机市场。例如，比特币大账户把握在少数人手里，有人估算，40% 的比特币由大约 1000 个账户持有。这些“关键少数”位于食物链顶端，有可能操纵市场，掌控价格。币圈市场上的散户往往被“割韭菜”，损失巨大。

虚拟货币的技术性缺陷来自“去中心化”的公有区块链架构。在这种架构下，全网验证需要超大规格的数据同步，各个节点的运行能力需要达标和均衡。因此，无论是比特币，还是以太坊，至今仍然尚未解决交易效率和规模化问题。

虚拟货币的经济性缺陷在于，缺乏足够的实体资产支撑和信用背书，价值不稳定，投机性太重。2018 年，比特币触底 3158 美元，比最高价缩水 84%。全球虚拟货币总市值由年初的 8350 亿美元下降到 1100 亿美元，跌幅接近 87%。2019 年比特币持续震荡，9 月下旬 7 天跌幅高达 22%。

基于经济层面的因素，虚拟货币还将生存和发展，极少数可能扩张领地，大多数只能偏居一隅。未来，虚拟货币依赖的区块链底层技术创新如果能够突破规模化应用的瓶颈，虚拟货币的运行机制更新如果能够解决价值稳定问题，才有可能进入大众化的交易和支付场景。

三、可信任机构数字货币：可信任与可准入

我把具有公信力的机构包括金融机构发行的数字货币，称为可信任

机构数字货币。

这里提出“可信任机构数字货币”的概念，主要基于这样一些考虑：能够成气候的数字货币必须是可信任的，法定数字货币因为法定地位和国家主权背书而可信任，其他任何机构的数字货币要做到“可信任”，必须具备这样一些品质：

具有公众信任机构的信用背书；

具有商业价值的客户规模；

具有高效可靠的金融交易和支付平台；

具有可审计的金融资产支撑；

具有行政许可的市场准入。

已经获得行政许可发行数字货币的金融机构包括高盛、摩根大通、瑞士联合银行等跨国银行。

数字货币 Libra 的目标是成为一个不受华尔街控制、也不受中央银行控制的金融基础设施。这就使 Libra 一开始就备受监管压力。就在 Libra 协会 10 月 14 日首次理事会之前，Visa、Master、Stripe、eBay 和 PayPal 等支付巨头宣布退出项目。那么，Libra 到底具有哪些颠覆性的潜力?

一是行业巨霸联合创始，覆盖巨大客户群体。

Libra 由 Facebook 牵头，现有联合创始机构还有 22 家，包括线上支付、电信运营商、线上旅游、线上打车、电商平台、流媒体音乐平台、线上奢侈品平台等，仍然可以为 Libra 提供足够的信用背书和覆盖全球的超过 20 亿的客户群体。

二是应用数字技术，构建独立的金融基础设施。

Libra 应用联盟区块链的分布式对等架构，应用隐私计算技术保护数据隐私和数据安全，应用 Calibra 电子钱包，提供可以覆盖全球各个角落的点对点、端对端的交易和转账平台，不再需要银行，不再需要第三方支付机构。

三是以硬资产做支撑，维护独立数字货币的价值。

Libra 协会成员的投资和用户购买 Libra 的法定货币，都将成为储备金，用来支撑 Libra 的价值。Libra 用储备金进行低风险低回报的投资，与低波动率实体资产捆绑，以保持价值稳定。Libra 将是锚定法定货币的独立数字货币。

Facebook 表示，“这个项目的成功，取决于其与现有金融体系受信任的、安全的融合。世界各国政府，尤其是监管和执法当局，是这项努力必不可少的合作伙伴。”近期退出 Libra 的 Visa 表示，将继续评估未来是否还参与 Libra 项目，决定性的因素之一是 Libra 能否满足所有的监管预期。

与虚拟货币相比，可信任机构数字货币更有可能成为数字金融市场通用的交易工具。在数字金融市场准入上，上述几个由大型金融机构发起的数字货币项目已经得到监管许可。Libra 在瑞士注册，能否得到世界各国政府金融监管部门的认同和许可，能否获得金融体系的信任并实现与现有金融系统安全可靠的融合，目前还没有明确的答案。

美国近几年陆续颁发数字货币牌照和电子钱包牌照。在法律上，似乎没有足够的理由简单拒绝 Libra 的申请。如果美国试图夺取数字货币全球霸权地位，就有可能对 Libra 给予附加限制性条件的行政核准，例如，要求 Libra 锚定的法定货币篮子中增加美元比重以符合美元的国际货币地位，要求 Libra 遵循关于反洗钱、反恐融资、反逃税的法律规范。

四、超主权数字货币：超越与僭越

Libra 对现有货币体系构成了前所未有的挑战：超越国家主权，僭越中央银行，跨越商业银行。超主权数字货币有可能从根本上重构全球的货币体系。

一是可能冲击主权货币地位。货币作为一般等价物的地位本质上取决于公众的信任，“法定”只是加强了公众信任。贝壳成为原始货币并非出于“法定”，而是公众认可的等价属性。落后国家、弱小国家如果遭遇重大经济困难，主权货币就可能失去国民的信任，就可能被超主权数字货币所取代。经济兴隆的国家或联盟的主权货币一般不会退出货币舞台，也可能成为超主权数字货币的锚定对象，但货币地位有可能主次更替。

二是可能重塑货币霸权地位。超主权数字货币的霸权地位，将由覆盖范围、用户规模和实体资产规模来决定，全球有可能出现几个势均力敌的超主权数字货币系统。全球流通的超主权数字货币也许不再有明确的国别标签，最为重要的是公众认可的全球性商业信用和数字信任。

三是可能形成跨越商业银行的金融体系。Libra 这类数字货币很有可能进化成为超主权数字货币，形成可以覆盖全球各个角落的金融基础设施，从而可能从支付清算入手，逐步进入储蓄、融资、投资、保险、资产交易等领域，渗透平民大众的经济生活，全面争夺金融业的市场。

四是可能影响人民币国际化的进程。人民币如果未能纳入全球性的数字货币体系，就有可能削弱未来的影响力范围。

综上所述，数字货币很有可能重构金融模式和货币体系。这是现实的挑战，也是未来的机遇。

第一，我们应该积极鼓励和支持技术创新，掌握数字技术、数字经济的主导权。实施数字技术和数字经济国家战略，明确产业政策，对数字技术研发企业和专业人才给予税费优惠，鼓励数字技术研发和应用，国家队加民营队，大中加小微，在数字技术的关键领域掌握自主知识产权，在数字经济、数字金融的关键领域建立全球性竞争优势。数字货币在未来的全球数字经济竞争中居于核心地位，当前很有必要抓紧研究发行中国主导的全球性数字货币的可行路径和实施方案。

第二，我们应该大力促进和规范制度创新，加快数字金融制度建设。立足于保证数字金融的可持续发展，应该抓紧建立数字信任机制，制定法定数字货币发行、数字金融市场监管、可信任机构数字货币监管、虚拟货币监管等数字金融制度。应该抓紧研发数字金融技术国家标准，建立专业化的数字金融技术应用审核和验证体系。应有必要建立数字金融创新沙盘试验制度，积极探索数字金融业务监管的新模式、新规范，适当放宽数字金融市场准入。在数字金融全球制度建设中，我国应该积极参与并努力争取话语权。

数字货币的核心特征

王永利

■ 即使运用区块链等新的信息技术推出与单一货币等值挂钩的稳定币，无论其表现形态和运行方式有何变化，只能是其挂钩货币的“代币”，不可能成为真正的货币。与一篮子货币结构性挂钩的货币，本质上就是超主权货币，将与主权货币相冲突，特别是与其篮子货币相冲突，是很难成功的，SDR难以成为货币流通已经提供了证明。

无论货币的表现形态如何，其本质与核心功能不变。

无论一个国家的货币怎么变，其总量需与财富规模相对应。

事实上呢？这两个“无论”基本被颠覆，人们似乎遗忘了货币的本源逻辑。

自2009年初比特币推出开始，“数字货币”话题此起彼伏，目前更是在全球范围内升温。2019年6月，Facebook发布其计划于2020年推出数字货币“Libra”的白皮书后，中国央行紧随Facebook祭出系列动作，央行数字货币似乎“呼之欲出”。

作者系深圳海王集团首席经济学家，中国银行前副行长。

但何为数字货币？业界至今逻辑不清，认知混乱。人们所说的数字货币包括多种类型，且无明确定义和统一口径；其结果，市场大量充斥着望文生义，似是而非的说法——这些标新立异之说很容易形成轰动效应，混淆视听，乃至资本盲目跟风；甚至影响国家政策层面的判断，恐令其对货币发展的把握出现偏差。

如何准确把握货币的本质，已迫在眉睫。

“混乱”

目前多种“数字货币”并存且带来混乱。

关于数字货币的说法，主要包括四类：

A. 去中心化的网络内生的“数字加密货币”，如比特币、以太币等。

B. 与一种法定货币等值挂钩的“稳定币”，如 USDT、USDC、GUSD、JPMC 等。

C. 与一篮子法定货币按比例挂钩的“稳定币”，如已发布白皮书，尚未推出的 Libra 等。

D. 中央银行可能运用新的信息技术推出的，适用于网络运行的数字货币，被称为“央行（法定）数字货币”。

问题是，以上几类数字货币存在本质上的差别，它们都是数字货币吗？或者说，这些所谓的“数字货币”，真的是货币吗？

进一步的问题是，当今社会的货币，已经不再是实物货币，而是信用货币。但很多人对货币的认知还停留在实物货币阶段，现在亟须明确：到底什么是信用货币，为什么会发展成信用货币，其“信用”到底是谁的信用，信用货币是如何投放出来的，应该如何管理？

再进一步，到底什么是央行数字货币？如果央行数字货币仅仅是替代现金（现钞），属于法定货币的非现金化、数字化，那么，这一动作早就开始了，当今社会货币总量中，流通中现金（M_0）的比重不断降低，大量货币表现为银行存款或电子钱包的余额。那么，银行存款、电子钱包里的钱就不是法定数字货币吗？如果不是，那法定数字货币又有什么特殊含义，必须运用区块链技术点对点运行才是法定数字货币？央行要推出的数字货币，如果是仅仅替代 M_0，其意义或投入产出的实际效果到底如何？央行是要推出“数字货币”，还是要推动货币数字化支付工具或支付方式的变革？

如果对此不能加以清晰的区分并达成一致的看法，笼统说“数字货币”及其可能带来的冲击或挑战，能够说得清楚吗？！

货币逻辑

这得从什么是货币（信用货币）说起。

其一，信用货币因何而来，是谁的信用。

货币经过数千年的发展，其表现形态不断变化，现在已从实物货币发展成信用货币，甚至从有形货币越来越迈向无形货币（数字货币）。但由于种种原因，这其中一些深刻的变化并未能准确的认知与把握。现在对“什么是货币”，特别是“什么是信用货币”，理论界与实务界都没有形成一致的看法，引发诸多新的论断与货币理论，以及花样百出的“数字货币创新”，实际上很多严重偏离货币本质。

纵观货币发展史，比较清晰的路线图是：货币是基于商品交换的需要而产生和发展变化的；货币本质属性与核心功能是价值尺度和交换媒介，基本功能是支付手段与价值储藏；货币从最初的商品实物货币，发展到国家规制化的金属货币，再发展到金属本位制的纸币，进一步发展到完全脱离商品实物的纯粹信用货币，发生了根本性变化（裂变）；信用货币又从有形的纸币与硬币，发展到无形的银行存款或数字货币，货币非现金化、数字化趋势越来越明显。

现在，世界各国的货币基本上都属于信用货币，不再是实物货币。在讨论货币时，依然停留在实物货币阶段，不针对信用货币，是脱离实际的、根本不现实的。

那么，为什么货币会从实物货币发展到信用货币？信用货币的“信用”到底是谁的信用？信用货币是如何投放出来的，可能产生什么样的影响，如何有效管控货币？

实际上，随着货币不断发展变化，特别是出现纸币之后，人们越来越清楚地认识到，随着经济社会的发展，货币将越来越重要，功能越来越丰富，其表现形态可能不断变化，但其作为价值尺度的本质定位与核心功能，以及其支付手段、价值储藏的基本功能不会改变。而要发挥好货币作为价值尺度的核心功能，最基本的要求就是要保持货币币值的基本（相对）稳定。

而要维持货币币值的基本稳定，理论上就必须使一国的货币总量与该国主权范围内、可以用法律保护的、需要货币化（可交易）的社会财富总量相对应。这样，货币必须从社会财富中脱离出来，成为社会财富的价值对应物或表征物，货币成为纯粹的价值单位或价值符号。相应的，黄金、白银等曾经充当货币的实物，则必须退出货币舞台，回归其社会财富的本源（实践证明，以财富实物作为货币，由于其实际供应量往往与社会财富规模变化严重偏离，很容易引发严重的通货膨胀或通货紧缩，难以保持货币币值的基本稳定）。

这里所谓信用货币的“信用”，不是发行货币的机构（如央行）自身的信用，也不是政府或财政自身的信用，而是整个国家的信用，是建立在整个国家可交换的社会财富基础上的国家信用。国家只是将发行和管理货币的权利赋予了货币当局。所以，央行发行货币，并不是央行的债务，央行根本没有向持币人兑付任何财物的承诺；货币也不是以政府税收作为支撑的，税收只能是政府债务的支撑，根本无法支撑整个货币（政府信用只能是对政府债务的支撑，而不可能是对整个货币总量的支撑）。政府接受纳税人以货币缴税，只是增强了货币的流动性和信誉。

为使一个国家的货币总量与其财富规模保持基本对应，就必须将货币的总量控制权上收到国家层面统一掌控，并以国家主权和法律进行保护，而不可能分散到民间组织自行掌控。所以，信用货币也就成为“主权货币”或“法定货币”。“货币的非国家化”难以满足信用货币的要求，不符合货币发展的规律和逻辑。

由于社会财富种类繁多、具体价值的度量与总体价值的准确计算非常不容易，所以，人们进一步设计出一个“社会物价总指数”的概念与体系。从社会财富中挑选出一些与民生密切相关的典型品种，根据其重要程度赋予其价格一定的份额，形成社会物价总指数。通过观察物价总指数的变动，近似地反映和控制货币币值的变化。只要社会物价总指数保持基本稳定，就可以认为货币币值基本稳定。

其二，信用货币如何投放、怎么管理。

当货币不再是具体的财富实物，货币又是如何投放出来的？如何让人们认可和接受其作为货币？

信用货币的投放主要包括两个渠道：

一是货币当局（央行）通过购买货币储备物投放货币。

货币储备物主要是社会最认可其价值的物品，如黄金、白银等曾经充当货币的贵金属，以及国际上广泛接受的硬通货，如美元等。央行通过购买货币储备物，一方面找到货币价值尺度的基本标准，另一方面也有利于增强人们对货币的信任。由此投放的货币，属于最严格意义上的“基础货币”。

但作为信用货币，央行通过购买储备物投放的规模不应当太大，否则，就会冻结太多储备物，造成货币总量与可交易财富无法对应，甚至可能使货币回归金属本位制。所以，信用货币还必须开拓出新的投放渠道。

二是通过金融机构发放贷款等间接融资方式派生货币。

在基础货币难以满足社会货币需求的情况下，在人们需要货币时，一个重要选择就是去融资。这又包括两种方式：

一种是直接融资。需要货币（资金）的人（包括法人）直接向拥有资金的人获得借款等债务资金，或者投资类股权资金等，减少资金融出方的货币持有量，相应增加资金融入方的货币持有量。这属于直接融资，不会增加全社会的货币总量。

另一种是间接融资。拥有多余货币的人，将货币存放在金融机构。需要货币的人，则从金融机构融入资金。金融机构成为社会资金融通的中介。但金融机构在融出资金时，并不对应减少存款人的存款（货币），而是直接增加融入方的存款（货币）。这种融资方式就属于间接融资，会相应增加全社会的货币总量。

间接融资投放的货币，属于基础货币之外的“派生货币”。“基础货币＋派生货币”构成货币总量，货币总量与基础货币相比的倍数即“货币乘数”。

在信用货币体系下，间接融资就成为货币投放的主要渠道，必然会大幅度提升全社会的负债率或杠杆率，并使得货币投放能够更好地满足社会需求，增强货币总量调控的主动性和能动性，从而形成货币政策，并与财政政策一道，成为当今社会最重要的两大宏观政策工具。

在间接融资方式下，金融机构看似可以无中生有，凭空以贷款或购买债券等方式投放货币，并因此获得利差收益，但这背后是有基本原理的：借款人是以其现有资产或未来可获得资产作为抵押向金融机构融资获取货币的，要保证到期归还借款本息。这样，就通过全社会以借款方式对社会财富规模进行判断，并相应投放货币，从而促使货币总量与财富规模的基本对应。

当然，这其中就存在一个问题，即如果借款人和投放人对借款人的资产价值高估，造成货币过度投放怎么办？这是一个必须高度关注和有效应对的重大风险。

应对的措施就是，必须确保借款人能够按时足额归还借款本息，即必须确保社会债务的质量。如果借款人资不抵债，就要破产清算。同时，借出资金的金融机构也要承担由此可能带来的损失甚至破产清算。由此，需消除因不良债务投放的货币。

为此，需要形成一整套严密有效的管理制度和监管体系，包括中央银行与商业银行相区分，严格控制中央银行直接面向社会，特别是政府提供信用投放，以强化信用投放的财务约束；银行发放贷款等，需要建立科学的质量评价标准和严格的拨备计提标准，以及不良贷款处置办法等，及时暴露与处置不良资产。同时，要强化银行资本充足率、流动性比率、资产不良率、拨备覆盖率等方面的监管；政府和央行既不要干预金融监管贷款等货币投放，也不要一味追求金融稳定而对金融机构过度支持，使其逃避破产清盘风险，变成隐形央行。

五大判断

而明确了货币的本质属性和根本要求后，就不难对数字货币等热点问题得出清晰的判断：

A.“货币的非国家化”难以实现

在国家依然存在、主权独立难以消除的情况下，缺乏国家主权和法律保护的财富相对应，试图替代国家主权货币，推动“货币的非国家化”（哈耶克极力推动），违反了货币发展规律，不是进步而是退步，必然是无法落地实现的。

B.“网络加密币”难以成为货币

比照黄金的原理进行设计，严格限定总量及阶段性供应量，缺乏国家主权和法律保护的财富相对应的网络加密币（如比特币、以太币等），违背信用货币的基本逻辑，其币值难以保持基本稳定，很容易大起大落，因而很难成为流通货币，只能成为一种特殊的数字资产，可以被用于投机炒作，或作为网络社区（商圈）专用币，但不可能取代或颠覆国家主权（法定）货币而成为超主权货币。从事这种数字资产的投机炒作，面临的风险也将非常突出。以这种网络加密币为标的开展公开的期货及衍生品交易、资金的公募私募等，必须符合相关方面的金融监管和法律法规。

这类网络加密币过于强调隐私保护，难以满足金融监管要求，很容易被用于非法交易，必须严格监控使用法定货币买卖这类加密币的合规性，特别要强调投资人使用法定货币买卖加密币过程中的“原名、原币、原账户进出”的“三原”规则，防止将买卖加密币作为逃汇套汇、转移资产、商业贿赂、恐怖输送等的中介和手段。

C. 与某种法定货币等值挂钩难以摆脱“代币”定位

需要明确，在一国只允许流通唯一的法定货币情况下，不代表不允许一定范围内使用被赋予特殊权利义务的“代币”的存在，比如娱乐场所的“游戏币”、一些单位食堂的饭菜票（卡）、一些商场的购物券（卡）、电子商务平台的积分或“token”等。但这种代币必须在指定的范围内使用，而且只能原币进出，对其转让、赠送也要有所控制，防止其成为商业贿赂、贪污受贿的工具。

即使运用区块链等新的信息技术推出与单一货币等值挂钩的稳定币，无论其表现形态和运行方式有何变化，同样只能是其挂钩货币的“代币”，不可能成为真正的货币，不可能取代或颠覆法定货币，必须接受对代币的基本监管。

实际上，到目前为止，各种与法定货币等值挂钩的数字代币，除主要用于各种网络加密币的交易外，并没有发挥出其发行者宣传的那种颠覆性作用，实际应用场景有限。与法定货币相比，并没有表现出什么优势，很多寿命并不长。

D. 与多种法定货币一篮子挂钩的超主权货币很难成功

由于去中心封闭化的网络加密币以及只与一种法定货币等值挂钩的稳定币，难以成为真正的货币，难以颠覆或取代法定货币，于是有人开始设想以一篮子法定货币作为支撑，既希望获得法定货币的信用（价值）

支持，又试图摆脱对单一货币的依赖，推出超国家主权的无国界货币，并抢占由此可能带来的颠覆性效果和巨大利益。

需要明确的是，只与单一货币等值挂钩的“稳定币”跟与一篮子货币挂钩的“稳定币”存在根本性的不同：前者实际上就是其挂钩货币的“代币”，后者则不再是代币，而完全是一种新的货币！作为以一篮子货币作为储备的无国界货币，没有独立而严格的监控，将是非常可怕的！

这种与一篮子货币挂钩的思路可能起源于国际货币基金组织（IMF）的特别提款权（SDR）。20 世纪 60 年代末期爆发美元危机时，IMF 就设想推出与一篮子货币挂钩的 SDR，取代美元作为新的国际中心货币。但由于存在极其复杂的技术挑战并缺乏足够的法律保护，特别是在美国的反对之下，SDR 最后只能成为一种使用范围极其狭窄、规模非常有限的政府间特殊储备，难以成为一种全球流通的真正货币。其根本原因就是，这种设想超越了时代发展的阶段：世界仍处于，并将长期处于国家主权独立，需要依靠综合实力与国际影响力赢得国际话语权，包括国际中心货币地位的发展阶段，远未形成全球统一（地球村）治理的格局和机制。在这种情况下，要推出与主要国家一篮子货币挂钩的超主权货币，并与篮子货币同时并存，甚至反过来挑战乃至取代最主要国家货币的国际中心货币地位，势必受到最主要国家的坚决反对，是很难真正推出和有效运行的。

近年来，随着网络加密币以及稳定币的不断升温，IMF 打造超主权世界货币的热情再次被激发，屡次发声要利用新的信息科技推出与一篮子货币挂钩的 eSDR，并使其成为超主权世界货币。这也激发了更多机构推动超主权货币的热情。

Facebook 宣称将联合 100 家左右大型公司作为初始会员单位，成立独立的管理协会，推出与美元、欧元、日元、英镑、新加坡元按比例挂钩的无国界货币——Libra（天秤币），在全球范围内引发巨大轰动效应。很多人认为，依托其协会成员单位超过30亿人庞大用户群，Libra将成为全世界用户群最大、覆盖面最广、影响力最强的货币，将给法定货币体系和国际金融格局带来颠覆性影响，很多弱小国家的货币可能会被取代。

但实际上，Facebook宣称的Libra“将为十几亿没有银行账户的人服务，让汇款像发短信一样容易和安全”，是一种脱离现实的夸张说法，只有收付款双方都是Libra注册用户且相互之间直接收付Libra才有可能。如果汇款人拥有的是非Libra的篮子货币，则需要首先将其所持货币兑换成Libra，然后才能通过Libra体系汇出；如果收款人所在国不能直接使用Libra，收款人还需要将Libra兑换成其所在国家的法定货币。这样，整体看，可能效率和费用完全不一样。更重要的是，作为货币，跨境汇款的规模一般都无法与国内支付的规模相比，而在境内直接使用本国货币进行收付，远比使用国际货币更便捷。因此，对于一些致力于打造国际清算体系的机构而言，即使要运行自己的数字货币，可能分别推出与各国货币等值挂钩的“代币”，并主要在该国使用，比直接推出与一篮子货币按比例综合挂钩统一的无国界货币更具可行性。

可见，即使eSDR以及Libra可能在技术和运行方式上所有创新，其本质上与SDR并没有多少不同，不仅其架构设计与实际运行面临非常复杂的难题与风险挑战，本身就很难落地运行，而且依然缺乏足够的法律保护，并会面临美国的坚决反对，都是很难成功的！美联储主席曾说不会对libra进行监管，是根本不可能的。实际上美国国会已经连续在召开听证会举行辩论，甚至连欧盟多国央行都表示要严格控制。6月18日

Libra 白皮书发布时列明的 27 家初始会员中，在 10 月 15 日管理协会成立之前，Paypal、Visa、MasterCard、Ebay 等支付及电商巨头已经宣布退出，也是有这方面原因的。

必须指出的是，这并不像有人认为的那样，纳入 Libra 货币篮子，会增强这些货币的国际影响力；一篮子货币中以美元为主，就会维持甚至强化美元的霸主地位，就会得到美国的大力支持。事实是，如果这种超主权货币真能全球流通，势必取代美元的国际中心货币地位，对美国的影响将是极其深刻的。否则，SDR 早就可以成功了。

可以借鉴的是，即使是得到最强势国家坚定支持的欧元，也必须得到欧元区国家的法律认可与保护，并完全取代欧元区原有的国家货币，成为新的唯一的区域货币，欧元不可能与原有国家货币并存且共同运行。

E. 央行数字货币只能是法定货币的数字化，难以成为新的货币

在网络加密币和稳定币不断升温的过程中，不少国家的中央银行也纷纷宣布要推出央行主导的数字货币或法定数字货币，一些弱小国家，特别是受到美国制裁、缺少国际通货的国家，更加积极，致力于抢占数字货币的先机。

但问题是，央行（法定）数字货币到底是法定货币的数字化，还是像比特币、以太币一样全新的网络加密币？这在很长一段时间内并不清晰，实际上，很多都是设想比照比特币、以太币那样的网络加密币研发央行（法定）数字货币。

但是，比特币、以太币等网络加密币特别强调“去中心”，这本身就与央行主导存在明显的逻辑矛盾和冲突。同时，数字货币没有现金，而现实社会中要完全消除现金短时期是不可能的，这就意味着即使能够比

照比特币、以太币推出央行数字货币，那也将使得央行要长时期保持两套货币体系同时运行，这同样是非常困难与危险的。

因此，尽管2018年委内瑞拉就宣布采用以太坊技术成功发行了全世界第一个由主权国家发行并用石油作为支撑的“加密数字货币”——石油币，并一度在世界范围内产生了不小的轰动效应，但实际上并没有发挥任何实际的积极作用，一年后，委内瑞拉石油币几乎已经被世界彻底淡忘。

随着比特币、以太币等网络加密币问题的暴露，愈发证明其难以成为真正的货币（信用货币），比照比特币、以太币等打造央行（法定）数字货币实际上是走上了歧途的真相越来越被广泛认知，很多国家和央行对数字货币的冲动已经弱化，原来非常积极的央行不少已经宣布停止数字货币研究计划。但是，不能比照比特币、以太币等打造法定数字货币，不代表不能利用信息技术进一步推动货币的数字化及其运行的智能化，不断提高运行效率、降低成本、严密监控。

当然，即使是央行推出法定数字货币，其具体使用也需要配套解决好投放与运行方式（一层模式、二层模式）、信息载体（如智能手机、卡片及刷脸支付等）、清算方式（连线实时清算与离线适时清算）、管理规则（包括账户或钱包分类等级与存款限额、每笔及每日支付限额、备付金的托管等）、监管分工与风险控制等诸多问题，平衡好安全性与便捷性，实现提高效率、降低成本、严密风控的目标。

其中，需要进一步明确的问题是：央行要推出的数字货币，是仅仅替代 M_0，还是会覆盖更广泛的 M_1、M_2？仅仅替代 M_0，其意义或投入产出的实际效果到底如何？央行是要推出数字货币，还是要推动货币数字化支付工具或支付方式的变革？

总之，面对影响极其广泛而深刻的货币金融，需要充满敬畏与谨慎，即使面对信息技术革命和货币数字化风口，也要保持必要的冷静与克制，要准确把握货币的本质定位与核心功能、本质属性和根本要求。其中，货币的表现形态可以不断变化，但本质定位与核心功能不能改变，金融为实体经济服务的宗旨不能改变；货币形态的改变必须有利于提高运行效率，降低运行成本，强化风险监控。金融监管部门则必须准确把握货币金融的本质属性与根本要求，及时准确地进行合理监管，避免出现“一放就乱、一收就死”的局面。

相信任何偏离货币本质属性与根本要求，标新立异、抢占“领先”地位，急功近利推出的新货币概念、货币理论、货币体系、金融创新等，均难以成功。

经济观察网，www.eeo.com.cn

数字货币的缘起、发展与未来

姚　前

几年前，当我们开始做数字货币研究的时候，这一领域既冷门，又边缘，不少人都质疑此项研究的必要性。数字货币研究所筹建之初，一直跟我做研究的几位骨干人员，竟然没有一个愿意来。在我国，这项工作的展开不能不归功于周小川博士的敏锐洞察力和学术前瞻性。这两年，随着比特币价格的暴涨暴跌，人们开始纷纷关注这一新兴事物。作为一个研究者，尽管我认为比特币还只是一种准私人数字货币，但我对其代表的数字货币技术的未来满怀憧憬！

现代密码学的演进之路

应该说，有很多人是因为比特币而知道数字货币。实际上，远在比特币之前，数字货币就是密码学的一个研究分支。一直以来，密码学界有一个梦想，我们手里拿的实物现金能不能数字化以后，通过数字加密技术，像发一份邮件一样，直接从某一个数字身份转移到另外一个数字

作者现任中国证券登记结算公司党委副书记、总经理，时任中国人民银行数字货币研究所所长。

身份人的名下？就这样一个问题，很简单但也很复杂，引起了众多学者的兴趣。

这首先需要一套既开放又安全的方法。开放性源于货币属性的基本要求，只有足够开放，数字货币才能成为被大众广泛接受的真正意义上的数字通货。安全性则是指数字货币在流通过程中要有足够的安全强度，信息不能被窃取或篡改。这就对数字加密技术提出了较高的要求，然而在 1976 年之前，开放性和安全性尚无法同时满足。因为彼时还处于对称密码阶段，加密解密共用一把钥匙。在开放系统中，如何大规模地分发密钥且保持足够的安全性，是对称密码体系难以解决的一个问题。

1976 年，迪菲和赫尔曼（Diffie and Hellman）发表了一篇论文，题为《密码学的新方向》，文章提出了一种完全不同于对称密码体系的新思路。他们构造了这样一种密码方案：原来对称密码体系下的一把钥匙一分为二，一个是加密密钥，被用来加密信息；另一个是解密密钥，被用来从密文中恢复明文。加密密钥可以公开，是为公钥；解密密钥则由个人维持其机密性，是为私钥。从私钥可以推导出公钥，但从公钥很难逆推出私钥。这一对（加密 / 解密）密钥还具有以下功能：私钥持有者可以通过私钥给自己发出的信息签名，任何获得公钥的人均可经由公钥对其验签。因为加密与解密的密钥不同，所以该思想被称为非对称密码体系，亦称公钥密码体系。

1978 年美国麻省理工学院（MIT）的三位学者（Rivest、Shamir and Adleman）发表题为《获得数字签名和公钥密码系统的方法》的论文，构造了基于因子分解难度的签名机制和公钥加密机制，这就是著名的 RSA 密码算法。1985 年厄格玛尔（T. ElGamal）基于有限域上的离散对数问题，提出了厄格玛尔公钥密码体制。同年，科布利茨和米勒（Koblitz and Miller）基于椭圆曲线上的离散对数问题，提出椭圆曲线密码体制（Elliptic Curve Cryptography，ECC）。此外还出现了其他公钥密码体制，这些密码体制同样基于计算的复杂性问题。目前应用较多的包括 RSA（非对称密码算法）、DSA（数字签名密码算法）、DH（迪菲和赫尔曼密码算法）、ECC（椭圆曲线密码算法）等。

非对称密码体制解决了开放系统中密钥大规模分发的问题，不仅可以加密信息，还可以对信息发送者验明正身，这是密码学的一次重大革命。密码学的应用因此从军事领域扩展至民用领域。鉴于密码学的重要性，美国政府一度限制密码技术的出口，因为密码技术曾被认为是一种武器。现在这种限制已被废除。

如果说签名技术解决了数字货币发行人、持有人的身份问题，加解密技术则部分解决了数字货币流通的问题，因为数字货币尚有双重花费问题（简称双花问题）需要面对。货币数字化之后，防伪变得更为麻烦，在计算机里代表数字货币的信息很容易被复制，而要防止此类复制极为棘手。解决双花问题的基本思路是赋予数字货币一个唯一的序列号，相当于冠字号码，随机数、哈希函数的作用因此凸显。某种意义上看，比特币区块链上每一笔交易、每一个区块的哈希值，都可以视作其所代表的一定数量比特币的序列号。

数字货币技术就是在密码学不断演进的基础上蓬勃发展起来的。巧合的是，从 1976—1978 年到现在，不仅是我国改革开放 40 年，也是数字货币技术快速发展的 40 年。

中心化和去中心化的数字货币试验

1982 年，戴维·乔姆（David Chaum）在顶级密码学术会议——美密会议上发表了一篇论文《用于不可追踪的支付系统的盲签名》。论文中提出了一种基于 RSA 算法的新密码协议——盲签名，利用盲签名构建一个具备匿名性和不可追踪性的电子现金系统，这是最早的数字货币理论，也是最早能够落地的试验系统，得到了学术界的高度认可。1994 年 Bruce Schneier 的经典教材①，就专设一节，探讨戴维·乔姆的电子现金协议。

戴维·乔姆提出的电子现金系统有两项关键技术：随机配序和盲化签名。随机配序产生的唯一序列号保证数字现金的唯一性；盲化签名确保银行对该匿名数字现金的信用背书。戴维·乔姆的理论及其研发的 E-Cash 激发了研究者们对数字货币的兴趣。经过近 40 年的发展，数字货币已经在戴维·乔姆的基础上融合了包括群盲签名、公平交易、离线交易、货币的可分割性等在内的新概念。

但戴维·乔姆当时建立的模型还是传统的“银行、个人、商家”三方模式。每个使用过的 E-Cash 序列号都会被存储在银行数据库中，且每次交易系统都要验证 E-Cash 序列号的唯一性，因此系统会维持一个已交易序列号的数据库，随着交易量的上升，该数据库就会变得越来越庞大，验证过程也会越来越困难。

2008 年，一位化名中本聪（Satoshi Nakamoto）的神秘人发表经典论文《比特币：一种点对点的电子现金系统》，提出了一种全新的电子化支付思路——建立完全通过点对点技术实现的电子现金系统，将戴维·乔姆的三方交易模式转变为去中心化的点对点交易模式。其技术思路是：把通常意义上的集中式簿记分拆为约每十分钟一次的分布式簿记，

① Applied Cryptography：Protocols，Algorithms，and Source Code in C，Bruce Schneier. 应用密码学：协议、算法与 C 源程序［M］. 吴世忠等译 . 北京：机械工业出版社，2000：98—104。

簿记的权利由全网竞争选取，簿记数据按时间顺序链接起来并广播全网。任何节点均可同步网络上的全部簿记记录，均可投入计算资源参与簿记权的争夺。攻击者如果不掌握全网 50% 以上的计算资源，就无法攻击这套簿记（链接）系统。通过这样的设计，以前人们隔着万水千山做不到的点对点交易，现在不依赖银行等中介机构而仅靠分布式账本就可以实现。

比特币是一个互相验证的公开记账系统，具有总量固定、交易流水全部公开、去中心化、交易者身份信息匿名等特点。其“未花费过的交易输出”①（Unspent Transaction Output，UTXO）的绝佳设计，解决了 E-Cash 数据库无限膨胀的问题，使数字货币技术出现新的飞跃，人们将这一前沿技术称为区块链技术。

比特币出现之后，数字货币的发烧友们狂喜地发现，去中心化的数字货币梦想竟也可以大规模试验了。于是，基于不同区块链技术创新的各种数字货币不断出现。截至 2018 年 7 月，共有近 2000 多种数字货币。其中一些加密货币利用各种加密技术，对比特币进行了扩展与变型，如以太币扩展了比特币的可编程脚本技术，致力于发展一个无法停止、抗屏蔽和自我维持的去中心化智能合约平台；达世币设置了双层奖励制网络，提供即时支付以及以混币（Coin Shuffle）② 技术为基础的匿名支付

① 比特币通过区块链网络提供一个公共可见的账本，用来记录交易历史。每笔新的交易记录需广播到比特币网络中，经矿工节点打包进区块后才成为有效交易。每个交易包括一些输入和输出，未经使用的交易的输出 UTXO 可以被新的交易引用作为合法的输入。一笔合法的交易，即引用某些已存在交易的 UTXO，作为交易的输入，并生成新的输出的过程。在交易过程中，转账方需要通过签名脚本来证明自己是 UTXO 的合法使用者，并且指定输出脚本来限制未来对本交易的使用者（为收款方）。更详细讨论参见：姚前．数字货币初探［M］．北京：中国金融出版社，2018。

② 混币是指用户与其他用户的资金进行混合，一个交易包含大量输入和输出，因此很难在输入和输出中找出与用户的映射关系，从而实现完全匿名。

等增强服务；门罗币采用环签名技术隐藏交易双方地址，并吸收比特币社区发展出的机密交易技术隐藏交易金额，提供了更完善的匿名性；瑞波币允许不同的网关发行各自的借据（IOU，I Owe You，相当于在线债券的借据），并实现不同借据之间的自动转换；零币首次将零知识证明算法 zk-SNARK 用于保证交易发送者、接收者和交易数额的隐私性，具有较强的学术创新。

这就是我们目前看到的席卷全球的去中心化数字货币试验。客观而言，这个试验极具争议，有人对比特币背后的技术啧啧称叹，有人攻击它是诈骗工具，有人认为其堪比黄金，亦有人认为一钱不值。一些知名人士，比如许多诺贝尔经济学奖获得者，也发表了自己的观点。“天下熙熙，皆为利来；天下攘攘，皆为利往”，众说纷纭间，与传统意义上的商品、资产、支付工具、货币等均有所不同的比特币以其丰厚的回报，吸引了全球投资者的眼球。

数字货币是电子货币与实物现金的一体化

想要评价数字货币，我们必须回到中本聪的经典论文《比特币——一种点对点的电子现金系统》。其中有两个关键词：“点对点”和“电子现金系统”。“点对点”的特性，使我们想起了实物货币，因为它就具有“点对点”这一优越的支付特性，只是其支付功能逐步被电子支付工具蚕食。时至今日，“无现金社会”甚嚣尘上，似乎实物现金已无容身之地。果真如此吗？事实上主要经济体的实物现金投放和使用是在增加而不是减少。所以实物现金的未来究竟如何，恐怕还不能妄下结论。

也许从哲学角度分析有助于理解这个问题。按照马克思主义辩证法，一样事物从自然产生到消亡，并不是简单的消失，而是有一个推陈出新，此乃“否定之否定”。货币亦是如此，假使实物现金在长期的历史进程中要消亡的话（当然这一点还有很大争议），这个“否定之否定”应该是什么？个人以为，那就是“点对点 + 电子支付系统”。也就是说，从实物现金的角度看，需要“+ 电子支付系统”；而从银行存款转账、第三方支付等电子支付工具的角度看，则需要“+ 点对点”。按目前电子支付系统的发展势头，无论“无现金社会”实现与否，电子支付将实物现金的特性融合进来，是显见的趋势。

所以个人以为，所谓的数字货币应该是电子货币和实物现金的一体化。这个一体化如果动态地理解可能会更好，现在数字货币的定义还存在争议，我认为不要把它看成一个静止的状态。数字货币一定与货币的数字化进程紧密相关，在这个进程中，货币的数字化实际上是一个非常动态的、不断演进的东西，有些属性可能我们看得很清楚，还有一些属性很可能现在还看不清，还需要完全展开，需要观察和研究。如何结合法定数字货币的设计去观察和研究，也是我们现在工作的重点。

很显然，实物货币向数字货币演进的意义在于，实物货币的支付功能优化了，可以在多种交易介质和渠道上完成支付，具有良好的普适性和泛在性。电子支付工具向数字货币演进的意义则在于，它能吸收实物货币“点对点”支付和匿名性的特性，将支付权利真正地赋予用户自身。在一定程度上，第三方支付的出现破除了用户对银行账户的依赖以及被施予的约束（如需到银行物理网点和 ATM 机办理业务、一层层繁琐的业务程序等），有效释放了用户的支付主动性和能动性，降低了支付交易成本。但这还远远不够，货币 / 账户的所属权归谁？其中信息可向哪些人透明？透明到什么程度？可否被追踪？这些理应都由用户自主掌控。

央行信用不可或缺

或许有人会说，既然数字货币是实物货币和电子支付工具的发展方向，那么是否就意味着比特币终将胜出，笑到最后？也许一些持“货币非国家化”观念的自由主义者会这么认为。但是，许多国际组织和政府部门却倾向于将比特币定位成虚拟货币。为什么叫虚拟货币？因为它背后没有资产支撑，许多人（包括多位诺贝尔经济学奖获得者）认为它是没有前景的，尽管它的暴涨掀起了一股庞大的浪潮。“比特币也许失败，问题是这里头有钱可赚”，这句话道尽了很多人对“比特币们”的真实心态。比特币价格涨到什么程度才算合理？其暴涨究竟有多少泡沫？这是仁者见仁，智者见智的问题，作为研究者而不是投机客，追问“比特币们”的真正价值所在才是问题的关键。

回顾加密货币的研究历程，如果说戴维·乔姆式的数字货币是基于“银行—个人—商家”三方模式设计的，那么比特币模式的数字货币则由原来的三方模式变成了点对点的两方交易模式。这当然是一个范式的飞跃，但这两个模式都没有考虑中央银行的角色。戴维·乔姆只是探讨了匿名化现金的实现机制，根本没有涉及中央银行；比特币所谓的挖矿发行，煞有介事，实质上是把记账权、铸币权和发行权混为一谈，央行的角色因此消解。实际上，他们更多的是在研究数字化技术本身，但货币作为一般等价物，显然不只是（数字）铸币技术的问题，其背后的价值支撑才是关键。

纵观各种货币形态均有价值锚定。商品货币、金属货币的价值锚定来源于物品本身的内在价值。金本位制度下，各国法定货币以黄金为价值锚定。布雷顿森林体系崩溃以后，各国法定货币虽不再与黄金挂钩，但是以主权信用为价值担保。全球那么多的货币，根本的区别在于背后的价值支撑而不是铸币技术。相信现有的数千种加密货币，在追求极客技术的同时，也会逐步认识到这一点：当前的经济社会是一个高度发达的信用经济，货币发行和管理功能有缺陷的“比特币们”实难担当大任，核心问题在于这类“可转让数字资产”很难构建自身的价值支撑体系。

所以，必须矫正目前虚拟货币缺乏价值支撑这一根本性的缺陷。技术固然可以向典型的虚拟货币、加密货币取经，但人类社会长期形成的货币的本质内涵，理应是数字货币发行的基石。从这个意义上说，虚拟货币的未来得有一个“去虚拟”的过程，一个可能的变化是在前述所言的“点对点 + 电子支付系统”的基础上，再加上强有力的“央行信用”，也就是“点对点 + 电子支付系统 + 央行信用”。

因为价值支撑的缺失，各国政府对于虚拟货币活动，如 ICO、虚拟货币交易等，一直持审慎的态度，对其中隐含的金融风险和投资者保护问题高度警惕，但对代币或者是虚拟货币背后的技术却态度积极。数字货币可谓是数字经济发展的基石，把实物货币转为数字货币的梦想已在民间率先发力和试验，中央银行必须奋起直追。

私人部门与公共部门创新

以太坊的创始人维塔利克·布特林（Vitalik Buterin）认为数字货币这样的创新由政府部门主导是不可能实现的。这是一个很有趣的观点，私人数字货币伴随着财富效应，趋者若鹜；法定数字货币一定程度上则是对原有知识结构和投资收益的挑战，阻力难免。两者的难易程度一望即知，问题是在推动创新方面，政府的作用怎么可能缺位呢？早在上世纪 20 年代，凯恩斯就写下了这样的话：

宣称私人利益和社会利益必定会相互一致，这是没有根据的，上天并非是如此来统治世界的。说两者在实际上是一致的，这也是不真实的，在现实生活中并非是如此来管理社会的。断言开明的自利必定会促进公共利益，也不是根据经济学原理得出的正确推论。而所谓自利一般是开明的，同样也是不符合实际情况的。

当下愈演愈烈的 ICO（Initial Coin Offerings，初始代币发行）、IFO（Initial Fork Offerings，初始分叉发行）仿佛就是这段话最好的注解，有人因此感慨："人性是比特币生态链上最大的弱点"！所以笔者以为，对于维塔利克·布特林的论断，最好看看情况再下结论。无论是官方还是民间，数字货币研发进程的大幕都才刚刚拉开。两者也未必就是绝对的泾渭分明，公权与私权，宛若一枚硬币的两面，既对立又统一。任何新生事物都需要时间来检验。

实际上，老百姓对货币的基本要求也就两个：一个是不能假了，另一个是不能毛了。无论对私人数字货币，还是法定数字货币，这两个要求都概莫能外。就全局最优的角度而言，我们相信，央行数字货币理应更能满足大众对货币的需求。

实物现金"+ 电子支付系统"，数字货币"+ 央行信用"，电子支付工具"+ 点对点"甚至"+ 央行信用"，"+ 可控匿名"，"+ 智能便捷"……各类演变看似各异，实则脉络清晰。不仅朝着"你中有我，我中有你"的方向演进，而且"草蛇灰线"，"伏脉千里"之外的则是那若隐若现的法定数字货币。

但这里还必须加一句：这样说并不意味着央行数字货币可以不经考验即可顺利推出。大浪淘沙，法定数字货币也不可能例外！官督商办，自古有之。私人数字货币就一定不能转正吗？

我国法定数字货币探索

中国人民银行是最早对数字货币进行研究和试验的中央银行，早在去中心化数字货币尚未成为风潮的时候，就已探究这一领域。

事实上，促使中国央行研究法定数字货币的直接动因并非比特币，而是焦里币（Giori Digital Money，GDM）。这是一种由私人机构倡导的法定数字货币，其发明者是位于瑞士的 Giori 公司。作为一家传统的印钞造币公司，Giori 公司大胆创新，提出将传统实物货币以及借记卡和电子网络先进技术的功能融为一体，依托全球货币技术标准（Global Standard of Money Technology，GSMT）架构管理全球的数字金融交易，建立一个基于现有纸币系统模式的电子网络，从而推出由中央银行设立和发行的法定数字货币 GDM。Giori 公司不仅推出了产品，还去一些国家的中央银行（当然包括中国央行）布道。让人惊讶的是，早在 2012 年该公司就在中国和美国申请专利。

(19) 中华人民共和国国家知识产权局

(12) 发明专利申请

(10) 申请公布号 CN 103548044 A

(43) 申请公布日 2014.01.29

(21) 申请号 201280020431.3

(22) 申请日 2012.03.06

(30) 优先权数据
61/449,974 2011.03.07 US

(85) PCT国际申请进入国家阶段日
2013.10.25

(86) PCT国际申请的申请数据
PCT/EP2012/053821 2012.03.06

(87) PCT国际申请的公布数据
WO2012/120011 EN 2012.09.13

(71) 申请人 R·吉奥瑞
地址 摩纳哥摩纳哥

(72) 发明人 R·吉奥瑞

(51) Int. Cl.
G06Q 20/06(2006.01)

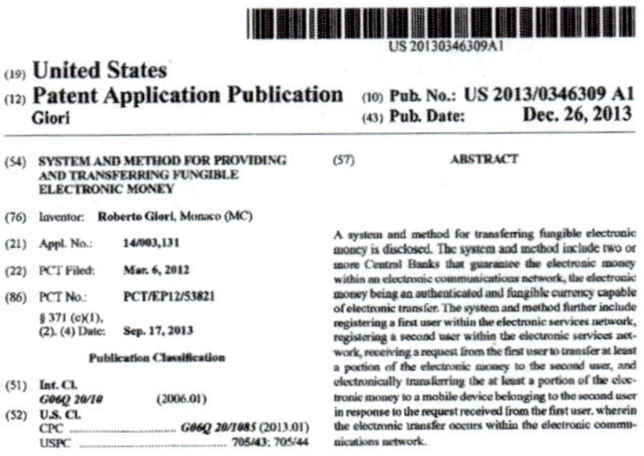

US 20130346309A1

(19) United States

(12) Patent Application Publication

Giori

(10) Pub. No.: US 2013/0346309 A1

(43) Pub. Date: Dec. 26, 2013

(54) SYSTEM AND METHOD FOR PROVIDING AND TRANSFERRING FUNGIBLE ELECTRONIC MONEY

(76) Inventor: Roberto Giori, Monaco (MC)

(21) Appl. No.: 14/003,131

(22) PCT Filed: Mar. 6, 2012

(86) PCT No.: PCT/EP12/53821
§ 371 (c)(1), (2), (4) Date: Sep. 17, 2013

Publication Classification

(51) Int. Cl.
G06Q 20/10 (2006.01)

(52) U.S. Cl.
CPC *G06Q 20/1085* (2013.01)
USPC 705/43; 705/44

(57) ABSTRACT

A system and method for transferring fungible electronic money is disclosed. The system and method include two or more Central Banks that guarantee the electronic money within an electronic communications network, the electronic money being an authenticated and fungible currency capable of electronic transfer. The system and method further include registering a first user within the electronic services network, registering a second user within the electronic services network, receiving a request from the first user to transfer at least a portion of the electronic money to the second user, and electronically transferring the at least a portion of the electronic money to a mobile device belonging to the second user in response to the request received from the first user, wherein the electronic transfer occurs within the electronic communications network.

显然，焦里币遵循的是传统的以中心化为特征的数字货币模式。作为法定数字货币的典型案例，其数字 M_0 和编码的理念深刻影响了中国央行数字货币研究团队。

事实上，包括笔者在内的很多早期接触过密码货币的人，一提数字货币就都不约而同地想起了戴维·乔姆的 E-Cash。十多年前，笔者在中国科学院研究生院计算与通信工程学院任兼职教授，期间承担《金融信息化》的授课任务，其中一章“电子货币”就专设一节讲授 E-Cash 系统。因此在笔者参与我国央行法定数字货币的研究之后，除焦里币之外，就是从 E-Cash 入手，到 Mondex，到 M-Pesa，到 Bitcoin，到游戏虚拟币，到第三方支付……依次爬梳各类典型系统。研究小组曾特别邀请密码学家王小云老师前来授课，彼时小云老师还没有当选为中科院院士。当她亮出了授课内容 E-Cash 时，笔者会心一笑。是的，我们的关注点都不是只盯着 Bitcoin。后来小云院士建议研究安全电子交易协议（Secure Electronic Transaction，SET），去年则建议我们研究 Zcash（零币）。

至今为止，中国央行依然旗帜鲜明地倡导央行数字货币应不同于各种代币的去中心化发行模式，并大声疾呼区块链只是法定数字货币的一项可选技术，可以说这些理念自有其渊源。事实上，我们一直主张的“可控匿名”，也与加密货币的思路一脉相通。

早在与小云老师交流的时候，我们就希望可以联合顶尖密码专家为央行数字货币设计专用的密码算法和相关协议，并申请国家标准乃至国际标准。可惜专家们大都事务繁忙，兹事体大，至今尚在意向之中。

今年 7 月，迪菲来北京，在金融街欢迎迪菲的座谈会上，笔者领头致辞，之后聆听他对密码学和区块链的高见。半个月后，在纽约的国际电信联盟数字法币焦点组大会上，笔者又有幸与乔姆同台发言，私下我们还就数字法币的匿名性问题做了探讨。

当听到迪菲论述从主机系统到个人电脑，到互联网，到区块链的发展趋势时，笔者有一个强烈的感受，那就是：历史上看，技术创新从来就是以螺旋式上升的方式向前推进。基于区块链或不基于区块链，基于账户或不基于账户，分布式还是中心化，两边极点孰优孰劣，形而上的争论很容易面红耳赤，实际上还是得根据具体约束条件来选择把握，中庸之道当然是在两个极点之间寻求最优点。所以在试验阶段，在保障中央银行货币发行权的基础上，应不拘泥于某一预设路径，要尽可能尝试各种方案、模式和思路，多方比较，灵活开放，以积累经验或教训，探寻不同场景下的各种解决方案和最佳实践。

总体来说，我国法定数字货币的探索工作在扎实有序地推进。2014年，中国人民银行正式启动法定数字货币研究，论证其可行性；2015年持续充实力量展开九大专题的研究，2016年组建中国人民银行数字货币研究所，专门承担法定数字货币研发工作。取得的成果主要有：

一是理论研究。在论述可行性的基础上，充分探讨了法定数字货币发行和业务运行框架、关键技术、发行流通环境、法律问题、经济金融影响、国际经验、与私人发行数字货币的关系，形成了系列研究报告。2016年初召开数字货币研讨会，系统地展示了人民银行关于数字货币的研究成果，并择要发表于《中国金融》数字货币专刊。

二是研发实验。基于我国“中央银行－商业银行”二元体系，开发出准生产级的法定数字货币原型系统。在此基础上，设计实现了基于区块链技术的数字票据交易平台，开展法定数字货币的沙箱试验。

三是专利申请。在原型开发的基础上，打造具有自主知识产权的区块链底层平台，并搭建数字货币专利体系。累计完成 80 余件专利申请工作，初步形成一批关键性的数字货币专利集合。

2017 年，研发工作进入新的阶段。经国务院批准，中国人民银行组织相关市场机构开展名为 DC/EP（Digital Currency/Electronic Payment）的法定数字货币分布式研发工作。中央银行组织市场共同研发的意义在于，在保障央行货币发行权的前提下，群策群力，充分发挥市场机构的业务优势和创新能力，探索最佳实践。

未来展望之一：基于账户和基于价值

目前大家喜欢将法定数字货币分为基于账户和不基于账户两种。这实质上是将法定数字货币的定义进行了“泛化”，将电子货币也纳入了数字货币范畴。若基于这样的界定，只要在现有的“电子货币”基础上再加“央行信用”，所谓的法定数字货币就可以“呼之欲出”。在电子货币体系已经很成熟发达的我国，这是显而易见的前景。我国已经形成了央行准备金账户、商业银行账户、第三方支付账户的多层账户体系，覆盖了机构端、客户端、对公对私、线上线下、跨境支付等各种场景，市场成熟，产业完备。

2017 年初以支付宝、微信支付为代表的第三方支付机构，喊出了“无现金社会”的口号。尽管他们将自己当作了实物现金的替代者，但目前第三方支付的虚拟账户中的资金，还只是支付工具，达不到现金的层次。很显然，这是第三方支付对自己提出了更高的要求。假如第三方支付的虚拟账户中的资金变成了真正的数字现金，那无疑是整个支付行业的重大变革。有人因此认为，第三方支付机构 100% 准备金存缴之后，他们虚拟账户中的资金就是法定数字货币了。这是有趣的观点。

另一个值得关注的现象是，纵览全球，各国开展的法定数字货币试验，大多是不基于账户或者说是基于价值形式的法定数字货币试验。比如加拿大的 Jasper 项目，试验基于分布式账本技术（Distributed Ledger Technology，DLT）和数字存托凭证（Digital Depository Receipt，DDR）的大额支付系统；新加坡的 Ubin 项目，评估在分布式账本技术上以数字新元的代币形式进行支付结算的效果；欧洲和日本央行的 Stella 项目，旨在研究分布式账本技术在金融市场基础设施中的应用，评估现有支付体系的特定功能是否能够在分布式账本技术环境下安全高效地运转。目前看，学术界的热点也大多是基于价值的法定数字货币，亦即央行加密货币的研究。

如前述所言，数字货币的真正本质是电子货币与实物现金的一体化。若不吸收实物货币“点对点”支付、匿名性等特性，仅是电子货币“+央行信用”，那是法定电子货币，而非法定数字货币。当然，若在定义本身就已将电子货币纳入数字货币范畴，这一矛盾就没有那么突出了。有句话叫“最好的未必就是最合适的”，如果不在学术的辨析上较真，现实的选择似乎还是以合适为宜。

应该说，以比特币为代表的去中心化数字货币试验为我们的研究提供了一个有益的技术参照。一方面不要硬性把央行数字货币和分布式账本技术捆绑起来，这不是一个必须的选项，央行数字货币并不必然采用区块链技术。另一方面，也不要将金融行业熟悉的账户概念与加密代币、区块链技术对立起来。从演化路径看，央行发行法定数字货币其实是从账户（Account）向央行代币（Token）延伸的过程；而加密代币从公有链到联盟链，到私有链，则可看作是从代币（Token）往账户（Account）

方向的推进。这里账户（Account）与（代）币（Currency or Token）其实是一个不断融合的关系。因此，央行发行法定数字货币，个人以为CBDA（Central Bank Digital Account，央行数字账户）、CBDC（Central Bank Digital Currency，央行数字货币）、CBCC（Central Bank Crypto-Currencie，央行加密货币）混合的思路比较稳妥。

比较私人（准）数字货币和法定数字货币，前者是已经出生的孩子，能不能上户口还是个问题，大家对它的认识一直有争议；后者还没有生出来，只是停留在蓝图阶段，大家却都觉得根正苗红。但说实话，这两个孩子将来谁真有出息，恐怕有人（如维塔利克）会有不同的看法。所以，无论前者是好孩子，还是坏孩子，摒弃成见，拒绝炒作，多研究研究里头技术、学理的东西，可能更好。

未来展望之二：自顶向下和自底向上

谈到央行信用，还须厘清“真正的央行信用”与“央行信用‘加持’”两者的本质区别。即便是100%准备金存缴，私人部门发行的电子货币（如商业银行存款货币以及第三方支付账户资金）只能算是央行信用“加持”，而非真正的央行信用。当然前面也说了，若将央行数字货币的概念泛化，这一差别似可忽略。

就其本质而言，既然央行数字货币是中央银行的信用，那么无论在技术上央行数字货币体系设计了多少层，在逻辑上却只有一层。技术风险当然可以（也必须）分散，中央银行亦可以不参与底层客户的每一笔交易，但中央银行对央行数字货币的管控应有手段穿透到底，以切实保障央行数字货币的法理属性。

目前，技术上的设计思路比较习惯采用“自顶向下”，按照中央银行和运营机构系统进行分层设计。这种双层架构的设计本身没有大问题，但“自顶向下”的思路，将中央银行作为源头来设计整个业务流程，使得中央银行成为下层所依赖的中心，很容易忽略系统面对的海量服务人群，顾头难以顾尾。运营机构有可能依赖中央银行进行互联互通，技术上无法有效解决中央银行中心节点的压力。

显然，需要从终端用户角度考虑系统的重心，兼顾“自底向上”的设计思路。技术上依然可以采用双层架构，但优先考虑便利化的用户服务，央行数字货币说到底是需要老百姓用起来的。这样“自顶向下”的底层就变成了前台，由多个运营机构响应用户的请求，功能侧重于交易处理；“自顶向下”的上层就变成了后台，由中央银行进行管控，功能偏向于穿透式监管。前后台划分的目标应是以用户为中心，既为数字货币钱包的创新提供广阔的施展空间，也与传统系统充分解耦，尽可能减轻中央银行压力。“自底向上”的双层架构从业务实质上讲，就是“总/分双层账本结构”，交易明细账本由运营机构实时记录，中央银行只定期维护运营机构总账本。

基于“总/分双层账本结构”，如何保证中央银行有效实现穿透式监管，并实现全局一致性，从技术角度，有不同的设计方案。比较直接的方式，可以考虑通过建立中央银行和运营机构共同参与的统一分布式系统，中央银行作为主中心，拥有全局账本，运营机构作为分中心，实现多副本明细记账，相互备份、多点多活。这样运营机构不用担心被旁路，在分担中央银行压力和风险的基础上，可以开展全新的业务。中央银行亦无需担心中心枢纽的压力，在相对轻松维护全局账本的基础上，可以从容考虑包括央行数字货币在内的全新货币政策。这种设计将分层业务逻辑通过前后台系统划分来实现：央行不参与前台业务，其中心化管控通过后台统一分布式系统来实现；运营机构承担前台的处理，用户可获得便利化的服务；央行既能够管控全局，又可避免中心化依赖。

从长期技术演进的发展角度，央行数字货币本身不局限于特定技术；从竞争择优的角度，也需要在优化演进过程中充分比较多种技术路线。因而，技术上央行数字货币体系应该是一种包容性的架构，既能体现成熟技术的稳定性，又要能够保持一定的技术先进性。

因此可以在上述传统分布式数据库技术基础上，引入最新的分布式账本技术，形成央行数字货币“双分布式账本”技术路线。一是交易账本：采用传统的分布式数据库技术，利用现有金融核心系统的成熟经验，满足当前交易性能要求。二是结果账本：用于记录最终交易结果，可采用最新的分布式账本技术，中央银行和各运营机构共同参与，各节点维护相同的账本数据，通过共识机制，保证各节点账本数据的全局一致性，并且难以篡改。交易账本的处理结果，通过异步方式提交结果账本，从而不影响交易账本的处理时效。结果账本数据一经写入，便具有高可靠、高安全、高可信等特点，并可为社会提供基于可信数据的确权服务，从而充分发挥分布式账本技术的优势。这种开创性的双账本包容性设计，既延续了传统技术的成熟稳定性，又为新的分布式账本技术留有空间，使得两种分布式技术相互兼容、并行不悖、优势互补，并在演进过程中，竞争择优。

2016 年，中国央行的数字货币原型系统就采用了“双分布式账本”技术路线，这是一种可进可退的方案。随着分布式账本技术的不断优化，性能不断提升，交易账本向结果账本异步写入交易结果，其延时会逐渐缩短。有理由相信：同步写入之日，就是分布式账本可以取代传统分布式数据库之时。

未来展望之三：量子货币

展望未来，央行数字货币还需要研究量子货币。

量子货币本质上是一种基于密码学的数字货币，其优于经典数字货币的核心是利用了量子叠加态和量子计算实现的量子防伪技术。这项技术综合运用了物理学、计算机科学和密码学等多个学科的前沿知识，最终可以在不引入记账机制的前提下解决经典数字货币最头痛的双花问题。理想的量子货币可以同时实现易于识别、难于伪造、无法复制、方便使用等数字货币特性，相当于同时结合了传统货币（纸币）和经典数字货币的优点，并避免了它们各自在本质上难以克服的缺点。这也是探索量子货币的意义所在。

目前看，除了双花问题，量子货币技术还需要解决一些核心问题。一是如何编码生成一系列的量子态代表量子货币？并且生成的量子货币必须支持验钞操作。二是如何应对损耗。量子世界中测量是唯一建立量子态和经典世界联系的桥梁，因此验钞过程一定会涉及测量量子态，这是否会给量子态带来损耗？如果允许有一定的可控范围的损耗，是否能设计相应的验钞机制？这种机制是否能支持多次验钞？损耗是否会导致一定概率出错？出错的话如何解决问题？三是如何应对噪音。由于量子不可克隆定理，经典的纠错码方法在量子世界中不能适用，那么如何应对过程中自发产生的不可控因素？

量子密码是近年来国际学术界的一个前沿研究热点。面对未来具有超级计算能力的量子计算机，现行基于解自然对数及因子分解难度的加密体系、数字签名及密码协议都将变得不够安全，而量子密码则可达到经典密码学无法达到的两个最终目的：一是合法的通信双方可察觉潜在的窃听者并采取相应的措施；二是使窃听者难以破解量子密码，即便企图破解者拥有强大的计算能力。可以说，量子密码是保障未来网络通信安全的一种重要技术。

考虑到量子计算和通讯技术还处于探索阶段，理想中的量子货币尚需时日。当前，可部分应用量子技术为数字货币的设计和实现提供服务。例如基于量子随机数生成数字货币字符串，可以保证数字货币在防伪方面初步具有量子安全性。这种具有量子随机性的数字货币，一定程度上代表了不依赖于账户的新型数字货币形态，可进一步为数字货币点对点支付打开新的空间。

随着对量子密码体制研究的进一步深入，越来越多的方案将被提出来。因此，我们必须持续关注一领域。

《比较》98 辑

数字货币辨析

狄　刚

随着数字化时代的到来，货币形态再次面临革命性变化，电子货币、数字货币的到来与普及已成为不可阻挡的趋势。从供给侧看，网络、移动通信、密码算法及各种新型技术的成熟为数字货币提供了环境条件与支撑；从需求侧看，数字化时代需要支持数字经济高效交易的硬通货。然而，信息技术在推动货币形态演变的同时，也造成了货币概念上的诸多歧义，容易引起误解，概念层的不统一易造成逻辑层与实践层的混乱，本文根据国际清算银行（BIS）提出的“货币之花”模型，探讨数字货币的定义及其内涵，并对法定数字货币、私人数字货币、电子货币、虚拟货币等概念进行厘清。

数字货币的定义和内涵

数字货币是指以数字形式存在的货币，在不同语境下，有着不同的内涵和外延。国际货币基金组织（IMF）称之为“价值的数字表达”。

作者系中国人民银行数字货币研究所副所长。

2018年，BIS下属支付及市场基础设施委员会（CPMI）提出了一个“货币之花”的概念模型（见图1），从四个方面对数字货币进行分类与定义：发行人（中央银行或非中央银行）、货币形态（数字或实物）、可获取性（广泛或受限）及实现技术（基于账户或基于代币）。

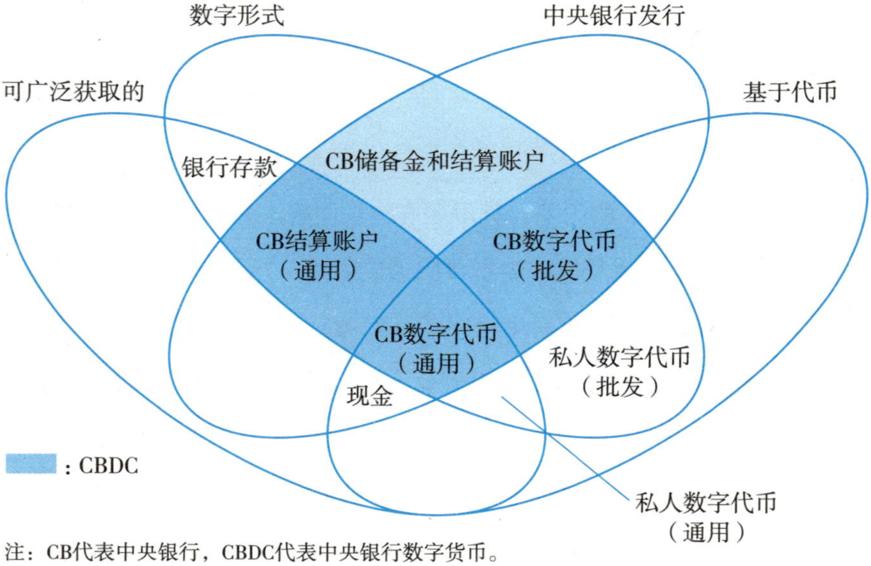

图1　BIS“货币之花”

在BIS“货币之花”中，中央银行数字货币堪称“花蕊”（对应深灰阴影区域），它是一种数字化的货币形态，其发行人是中央银行。其实现形式可以是基于账户的中央银行数字货币；也可不基于账户，是记于名下的一串由特定密码学与算法构成的数字，可称为基于价值（Value）或基于代币（Token）的中央银行数字货币。根据应用场景不同，又可分为批发端和零售端中央银行数字货币。前者应用于银行间支付清算、金融交易结算等；后者流通于社会公众。所以，中央银行数字货币可以分为三块区域：CB结算账户（通用）、CB数字代币（通用）与CB数字代币（批发模式）。当前，中国人民银行将正在研发的中央银行数字货币界定为 M_0，因此可对应“货币之花”中的 CB 结算账户（通用）和 CB 数字代币（通用）两块区域。

商业银行在中央银行的储备金一般使用基于账户的方式，因此对应“货币之花”中的 CB 储备金和结算账户。当前私人数字货币对应“货币之花”的私人数字代币区域，但基本都是通用型，批发模式的私人数字货币很少见。虚拟货币传统上是由私人机构基于虚拟账户发行的，现常指基于区块链发行的私人数字代币（通用）。

电子货币、虚拟货币、私人数字货币与法定数字货币

电子货币

在现代金融体系中，货币与支付紧密联系。支付工具是货币完成支付功能时的载体与介质，支付要素通常包括渠道、参与方、支付指令及结算账户。当支付业务由计算机处理时，其介质往往被称为“电子货币”，因此其概念覆盖范围最广，它一方面包含了中央银行发行的 CB 储备金和结算账户，另一方面还囊括了银行部门的存款货币及其衍生出来的银行卡、网银、第三方支付工具。后者常有中央银行信用的隐含担保或存款保险制度的价值保障，因此具有广泛的流通范围，是社会支付体系的关键组成，中央银行也将它们纳入社会货币统计量，即 M_1 和 M_2。

在“货币之花”中，银行存款、CB 储备金和结算账户也被归为数字货币。所以说，狭义的数字货币主要指纯数字化、不需要物理载体的货币；而广义的数字货币还包含一切以电子形式存在的货币。正因为对广

义数字货币概念的泛化，许多人指出，数字货币不是新概念，金融体系中的大多数货币都是数字化的，是在中央银行基础货币发行及商业银行贷款过程中产生的，实际上，以中央银行、商业银行异构数据库保存的基于账户一一对应的余额数字，可更多看做是“货币数字”，而并非现在常说的“数字货币”。

现在被重点关注的数字货币一般特指是以密码学技术特征结构为基础的富含多种隐藏信息的加密数字串，更多场合称之为“加密货币”。过去基于异构数据库账户余额数字，价值转移需要依赖后台清算、结算和账户体系完成不同数据库余额数字的此增彼减，而加密货币可实现账户的松耦合，本身作为价值主体，通过加密签名技术实现权属变更和真伪鉴别。从效率上讲，与“货币数字”复杂的后台清算相比，加密货币本身就能承载固化价值及相关要素，一旦发行作为中央银行负债可自由流动到不同的数字生态圈，其更体现数字化的“现金”特点。

有人说，现有的货币大都是记账货币形式，数字货币也不是新的货币形式，只是换了一种形式的记账货币体系。按此道理严格讲，纸币也是一种简化的凭证式记账卡片，虽实质都是记账，不同形式的存在依据都是由于其功能特点符合一定的市场需求，数字化加密凭证式货币也同理。所以，不仅要关心不同货币形态的实质，更应该关注其功能与场景。

虚拟货币

20 世纪 80 年代，随着网络社区的兴起，市场上出现用于社区内各种虚拟商品交易的虚拟货币，如网络积分、游戏币、社交网站发行的各类“代币”(如Q币)。虚拟货币由私人部门发行。根据欧洲中央银行定义，虚拟货币是一种未加监管，由其开发者发行和控制，被某一特定虚拟社区成员使用并接受的数字货币。根据我国现行规定，公众用法币购买的网络虚拟货币只能在某些特定平台内流通，不可跨平台使用、不可用网络游戏虚拟货币兑换人民币，也就是说虚拟货币不可赎回。

自2008年比特币出现以来，一般提到虚拟货币通常特指以比特币、以太币等为首的去中心化加密货币。此类虚拟货币随着近两年比特币价格暴涨后的财富效应引发许多人对各种虚拟货币狂热追捧。截至2017年底，市场上共有1400多种私人部门发行的数字货币。由于私人数字货币缺乏内在价值，诸多国际组织和政府部门将其称为虚拟货币。

私人数字货币

数字货币包括私人数字货币与法定数字货币：私人数字货币常被叫做民间数字货币、私营数字货币、非法定数字货币等；法定数字货币通常则被称为央行数字货币、央行加密货币、央行电子现金等。

回顾整个发展脉络，我们可以发现，私人数字货币的概念在不断演进变化中。一开始，私人数字货币意图成为真正的“货币”，因此国际上喜欢冠之以货币、现金、黄金的叫法，如电子现金（ecash）、数字黄金（Bitgold）等。2008年比特币诞生后，市场将各种Token（原意为令牌或信令）称为“代币”。这些概念带有很强迷惑性，易让人误认为这些私人加密代币就是真正的货币。

从中文释义来看，货币可分为“货”和“币”，它们各有其义，分别描述了货币的不同功能。“货”指商品，古人视“货”为财富，代表了货币价值储藏功能，如《周易》中的“日中为市，致天下之民，聚天下之货，交易而退，各得其所”。“币”意指皮、帛，代表了货币的支付手段，如《管子》中的“以珠玉为上币，以黄金为中币，以刀布为下币”。若用经济学定义，货币是指固定充当一般等价物的特殊商品，必须具备交易媒介、价值尺度、价值储藏三大功能，个别的还具有世界货币的功能。这三大功能存在着层次之分：很多资产可以充当价值储藏手段（如土地、珍藏邮票、房屋、珠宝等），但一般不作交换媒介；至少两人以上同意将某种资产当做储藏手段时，该资产才可作为交换媒介；只有当一种资产在相当长时间内，能在多人之间作为交换媒介时，才可被当做价值尺度。按照常理，不管货币是何种形态——金属的、纸质的或加密数字构成的信用符号，任何货币均需具备以上三种层次的功能。

与此对照，当前的私人数字货币无法完全满足。在计价手段上，仅限于加密生态圈里，在实际社会商品交易中，并没有广泛地以私人数字货币计价。即使在日本、澳大利亚有少部分商户接受比特币支付，但实际交易量几乎可以忽略不计，在现实生活中，基本看不到虚拟货币的流通。在交易媒介上，以私人数字货币为媒介的交易活动规模小、速度慢、成本高、交易即时最终性得不到保障。相对于支付宝等电子货币每秒 30 万笔交易峰值，比特币仅支持每秒 7 笔交易。从交易成本来看，无论单笔交易费用还是系统运行成本，私人数字货币都难以同当前的支付系统相提并论，常发生交易拥塞，使得低额交易手续费的支付长时间无法得到确认。在价值储藏上，私人数字货币价值缺乏普遍认可，未锚定任何资产，价格极度波动，高度投机，难以充当价值储藏手段。多数人长期持私人数字货币目的都是望其升值，很少拿出来进行流通，任何一种货币如果总数有限且市面上流通奇缺，都会导致严重通货紧缩，如果价格波动剧烈更不会被作为价值尺度，商品贸易常选用相对稳定的货币作为结算工具和价值尺度，否则在没有汇率风险对冲机制下贸易常存在较大的信用风险。鉴于私人数字货币缺乏货币的基本属性，我国明确将其定性为虚拟商品，不具备法定货币的法律地位，同时规定，任何组织和个人不得非法从事代币发行融资活动。

法定数字货币

不管是纸质货币还是数字货币，与商品货币相比，都属于符号货币，基础都源于信用，第三方支付的电子货币实际上是从企业虚拟账户对应到商业银行存款账户，再映射到中央银行备付金清算账户的二次信托结果，持有者需要承担企业信用风险。基于银行卡的商业银行存款货币，也蕴含商业银行的破产风险，需要有国家信用通过隐含担保、最后救助、存款保险制度进行风险对冲。法定数字货币是数字化的人民币现金，建立在完全的国家信用基础之上，如果说私人数字货币企图采用技术信用作为基础，法定数字货币则是技术信用与国家信用相叠加的最强信用货币。

“支付即结算”是法定数字货币的显著特征，电子货币在隐私保护和匿名性方面存在短板，法定数字货币可以实现可控匿名的点对点交易，具备了现金高效、便捷、货款即时两清的优势，信息流、资金流天生合一，无需后台异步清算、结算与对账，通过加密签名转换即可实现前台点对点价值转移和隐私保护。因此法定数字货币综合了现金点对点的匿名、效率、成本优势和电子货币的时空优势，其数字化特征又可针对场景定制很多创新商业模式，因此可算是对现有电子货币体系的有效补充与升级。众所周知，目前多数创新金融服务均基于电子货币实现，而电子货币都与银行账户紧耦合，金融服务的可获得性严重受限于账户普及率，数字化现金可以移动钱包为载体实现银行账户松耦合，利用移动网络服务半径远大于银行网点服务半径的优势，法定数字货币可有效推动消除金融鸿沟、实现金融普惠的进程。

比较私人数字货币与法定数字货币

在内在价值上，法定数字货币以国家信用背书；私人数字货币则无信用背书。在使用范围上，法定数字货币天然具有法偿地位，在具备流通环境条件下任何人、任何机构不得拒收；而私人数字货币不具法偿性与普偿性。在价值尺度上，国家信用保证了法定数字货币计价的稳定；而私人数字货币价值不稳，公信力不强。在发行动机上，私人数字货币往往追求社会接受度最大化或利润最大化，形成一定垄断后可能会给社会带来负面性和潜在风险或损失；法定数字货币代表国家信用及社会整体利益，能维持本经济体范围内整体利益最大化。法定货币除基础三大功能外，承载了更多的货币政策传导、测量、调节等功能，而私营货币专注于私人支付媒介作用，不考虑用于调节经济的国家功能。在业务架构上，法定数字货币具有中心化特征；而私人数字货币则采用以加密算法为核心的区块链技术，使用较大代价来处理双花、交易确认等问题，无中心化机制保障，没有运行责任兜底机构。

数字货币与区块链技术属不同层面概念

数字货币的研究远远早于区块链技术的提出。早在1982年大卫乔姆提出了电子现金系统，后来业界把这一研究衍生出来的数字货币产品统称之为“乔姆币”。而区块链技术起源于2008年中本聪发表的论文，并在多项局部技术上借鉴了前人电子现金系统的设计，可以理解为在互联网上基于共识机制建立并集体维护的共享大账簿，因此区块链技术本身并不能和数字货币划等号，两者属于不同层面的概念，也没有必然的捆绑关系。

中国人民银行于2015年就部署了力量，研究中央银行数字货币的法律体系、技术路线及其对货币政策的影响。指出区块链或者分布式账本只是中央银行数字货币的可选技术之一（见《中国金融》2016年专刊）。

从国际实践来看，主要中央银行对法定数字货币的研究和试验也持类似的观点，如英格兰中央银行RScoin项目、加拿大中央银行Jasper项目、新加坡金管局Ubin项目、香港金管局Lion Rock项目，都发现了区块链技术的一些问题，并做了大胆的改进试验。区块链技术目前遇到的最大问题是性能与隐私保护，尤其是运行效率，目前还存在较大的短板，至少在数字货币发行环节，其性能指标目前无法满足大规模应用需求，在某些领域，为了分担中心化的压力，如对性能要求不高，区块链结合场景可做一些定制开发和业务模式创新，同时，区块链在信任传递上独具优势，目前在一些非数字货币的金融应用领域如数字票据、供应链金融等领域有用武之地。

总结与展望

简单而言，电子货币即指目前除现金以外市面流行的所有以存款货币作背后支撑的支付工具（银行卡、移动支付、网银、扫码支付等）。虚拟货币，以前多指类似Q币类的中心化发行的虚拟权益；现主要指以比特币为首的非法定数字货币，又常被称为“私人数字货币”。数字货币，包括非法定与法定数字货币。法定数字货币即是数字化的现金，本身就是人民币，现钞是基于纸质符号的信用货币，法定数字货币与其类似，是承载国家信用的加密数字符号货币。

技术进步始终推动着货币的变革。作为一种新型货币形态，“数字货币”概念与外延也在不断发展。进入数字经济时代，数字货币的出现被视为货币形态的又一次重大革命，如果我们把握这一重要历史时机，奋发而为，有望让中国在新的历史起点再次实现伟大复兴之梦，为此使命值得新时代有志者责任担当、努力奋斗。

《中国金融》（2018 年 17 期）

从货币本质看数字货币

钟　伟

货币体系的信用演进和载体演进

从货币本质来看数字货币，首先要研究货币体系的两个演进，即货币的本质和货币供给。

货币的本质就是货币的职能。因为货币就是货币的职能，所以货币并不需要任何实体形态。基于这样的思考，直到现在，只要能履行货币职能的就是货币。人类历史上货币的演进就是两个方向，一个是信用的演进，一个是载体的演进。载体的演进，最典型的就是货币最终归结于黄金。为什么黄金会成为一个特别重要的金本位的货币呢？因为黄金既贵而且没有用处。特利芬提出，人类走遍天涯海角去勘探、开采和提炼黄金，主要是把黄金窖藏于更为壁垒森严的金库中，没有什么比这种货币安排更浪费和更荒唐的了！这是特利芬的原话。黄金特别重要的一点是，不可伪造，信用特别严厉。金本位的特点是劣币驱良币，信用本位是良币驱劣币。布雷顿森林体系是虚金本位而不是实金本位，美元成功

作者系北京师范大学金融研究中心主任。

借助布雷顿森林体系替代了黄金，国家信用最终战胜了金属的信用，人类最后一小截金属的尾巴就没有了。载体的演进从石头，演进到塑料，演进到各种各样的东西。因我们进入信用货币时代，不是每个中央银行都必然拥有货币发行权。主权货币信用是相互竞争的。一个国家强大的信用会压倒另一个国家的主权信用，所以才会有法定美元化和事实美元化。

从载体的演进历史来看，数字货币基本上不属于信用的演进。如果中国人民银行发行法定数字货币，信用还是没有任何演进，还是央行代表国家的信用。数字货币在很大程度上只是一个载体的演进而非信用的演进，数字货币主要针对的是个人，主要针对的是零售，主要替代的是 M_0。它对于批发，对于机构，对大额实时交易的影响几乎是没有的。

货币供给和信用需求是两回事。当前中国的货币政策叫作宽货币、紧信用。各国央行能够供应基础货币，但没有能力供应社会信用。信用是一种需求，不是供给。所以各国的央行都仅能供应货币，不能供应信用。从货币到信用的整个发展进程，就是依赖金融市场跟金融中介形成货币传导。如果是单层结构的数字货币，直接由央行发行给个人，那它一定会带来巨大的麻烦。因为央行只发行货币，而没有发行信用，整个社会信用有可能就此坍塌，单层结构是完全不具有可行性的。

双层结构保证了央行发行的是货币，无论它是电子货币、纸币还是数字货币。央行不能够创造社会的信用需求，信用需求由经济运行当中经济总量和经济的景气周期决定。所以，在很大程度上，央行不可能做到维持币值稳定，只能做到维持通胀稳定和信用稳定，也就是 CPI 和 PPI 的相对稳定。由此可见，央行可以通过货币政策刺激经济，但并不能通过货币发行刺激经济。央行做的是直接面对金融机构为购买企业资产的资金需求，这也是央行要推各种“粉”和PSL的原因。央行并非没有信用扩张能力，因为它可以直接入市购买各种资产。这是我们所看到的货币供给跟信用需求之间有巨大落差的原因，央行能够做到的是前者而不是后者。

数字货币体系的三层结构

货币的加密体系大概有三层，一是对底层的数字货币加密，二是对数字账户加密，三是对整个支付清算体系加密。越加密，效率越低，成本越高，交易越麻烦。

首先，支付体系加密是可行的。我们现在有两大类体系，一类是垂直的总分账体系，也就是中心化的体系。这个体系高效运作，明确无误。另一种体系是分布式系统，Libra未来要运用的系统就是分布式系统。分布式系统要实现直接配对交易必定是低效率的。如果这两个体系都是加密的，毫无疑问垂直的中心化体系效率要远远高于去中心化的分布式系统。但是现在这个系统中有一点点漏洞，对现金的处理上。我们现在所持有的现钞、辅币，在线下场景中是一种分布式的配对交易。比如，张三把钱给李四，完全是耦发式的发行。如果未来央行发行数字货币可以使现钞主、辅币消失，央行支付系统就是没有漏洞的。

其次，谈谈账户加密。账户分为两层，一类是线上加密账户，一类是加密账户授权使用之后的数字身份。数字账户和数字身份可以把它看成两层也可以看成一层，有一个数字账户就可以了，所有线下的卡都没有用了。未来，线下的银行卡、储蓄卡或者其他线下支付工具，只是一个终极账户，各个支付工具中的余额会迅速归集走，我们只需要分层的数字账户就够了。如果已经有了数字账户体系，对数字货币这个底层进行加密就显得有点多余。反过来可以说，目前的一些数字资产，比如比特币，是没有可靠的数字账户体系的，所以才不得不对底层数字货币体系进行加密。反过来也可以这么讲，钞票上的钞码，银行的验钞机是对底层加密。所以对中国来讲，我们有了微信和支付宝等在线支付账户之后，基本上不会考虑张三通过支付宝转来的钱是真钱还是假钱，我们也基本上不会考虑你收到那的笔钱是多少个 100 块、多少个 50 块等辅币构成。

因此，未来如果以数字货币为核心，建立一个加密的清结算体系就足够了，数字货币本身就不需要加密。未来我们很快会看到，数字货币带来了主辅币完全消失，因为数字货币本身可能是非加密的、余额式的，只是存储在加密的数字账户当中。所以这三重体系当中最多两重加密，三重加密是没有必要的，完全是多余的。

最后来讨论下钱包的问题。现在中国已经来到了这样一个阶段：拥有微信、支付宝这样的没有目的性的在线支付方式，可以用来在线转账。商业银行银行卡被绑定在在线账户当中。

支付宝、微信支付属于典型的热钱包，银联的云闪付也可以部分称之为热钱包，但不太热。商业银行提供所有的支付工具都是冷的，都是偶尔使用而不是经常在线热的。所以当前生活仍有诸多不便，所有冷钱包在未来数字货币和数字支付体系时代都要淡出甚至消失。西方国家中也出现了一些支付的现象，比如说 Uber 可以绑定信用卡，但这不表明被绑定的信用卡就成为热钱包，它仍然是冷钱包。只有在线上能方便地随手抓出来随手放出去，这样的钱包才是热的。冷热钱包决定了未来我们也可能基于现在的支付宝、网联银联、微信的财富通等，形成为数不多的热钱包体系。每个人基于热钱包体系有一个自己的在线的热的数字账户。这个账户，未来可能就有三层结构。底层是数字货币，中间这层是数字账户，顶层是数字身份。

数字货币与超级央行

我们再看一下数字货币和超级央行的可能性。如果现金完全消失，电子货币需要进一步往前走，会走向两层，一层是数字账户，一层是数字支付体系。走向这样的两层架构后，才可以使这个体系成为一个完全没有漏洞、完全闭环的体系，而且是垂直总分账的体系。因为垂直总分账的体系，把它做成拉普拉斯系统或智能合约都很方便。

举几个例子：

第一，零利率或者流动性陷阱还存在吗？央行完全有能力确定利率，从很低的负利率到零利率到很高的利率。如果是负利率对存款人的惩罚或者税收政策，这都没有问题。所以在未来，也许数字货币时代是不存在流动性陷阱的，零利率或者负利率都会显得很正常。即便我们要对账户的余额，尤其是一些极其富有的余额进行歧视性的待遇。

第二，数字发行的条件性可能也有可行性。我们举一个特别小的例子，量化宽松是否必要退出。央行发行这些数字货币时就加上时间戳，央行虽然发的是带有有效期的数字货币，有可能间接创造信用需求，接收到时间戳货币的使用者它不得不在有效期之内把这些数字货币使用掉。所以，央行现在只能够创造货币供给，未来也许能够创造信用需求。在超级央行的情况下，未来税收系统、未来社会保障系统、未来社会救济系统等都会高度依赖超级中央银行。中央银行的地位会随着数字货币体系的形成，在整个国民经济当中处于一个非常重要而独特的地位。

关于数字货币的三个猜测

第一，由于数字货币和数字支付体系是未来，随着我们整个生活线上化形成，因此线下零起点的东西都会慢慢消亡或者名存实亡。

第二，Libra 是一个很重要的事情。Libra 从底层到账户到支付有完整的设计，跟我们现在所看到的代币和比特币真的不一样，Libra 有自己的流量、自己的场景、自己的闭环系统。如果美国允许尝试 Libra，我们能不能设想或者建议一下，中国的监管部门、央行或者政府职能部门，也能够允许我们中国的某一些金融科技公司尝试类似于 Libra 的东西，因为我们比他们有条件做得更好。

第三，法定数字货币仍然是非常重要的一个事情。彭文生做过一个有趣的研究：大约 70% 的国家央行都在关注数字货币，但其中大约有 60% 的央行倾向于认为在可预见的将来，央行发行法定数字货币的必要性和紧迫性并不是那么大。

以上这是我对数字货币的一些猜测。

本文是钟伟在金融四十人论坛（CF40）2019 年 8 月 10 日伊春会议上的演讲。

三、影响：数字货币如何改变金融生态

全球金融危机促使人们对现代货币体系的反思，和金融科技紧密相连的数字货币尤其受到关注。数字货币如果发展起来，必然对金融的结构产生重大影响。

数字化重塑全球金融生态

黄奇帆

一、数字化的构成与颠覆性作用

数字化主要包含大数据、云计算、人工智能以及区块链技术。而这几者之间的关系，如果将数字化平台用人来类比：互联网、移动互联网以及物联网就像人类的神经系统，大数据就像人体内的五脏六腑、皮肤以及器官，云计算相当于人体的脊梁。没有网络，五脏六腑与和脊梁就无法相互协同；没有云计算，五脏六腑无法挂架；而没有大数据，云计算就是行尸走肉、空心骷髅。有了神经系统、脊梁、五脏六腑、皮肤和器官之后，加上相当于灵魂的人工智能——人的大脑和神经末梢系统，基础的数字化平台就已经成型了。而区块链技术，就像更先进的“基因改造技术”，从基础层面大幅度的提升大脑反应速度、骨骼健壮程度、四肢操控灵活性。数字化平台在区块链技术的帮助下，基础功能和应用将得到颠覆性改造，从而对经济社会产生更强大的推动力。

数字化之所以能够颠覆传统，就在于它所拥有的五全基因：全空域、

作者系中国国际经济交流中心副理事长。

全流程、全场景、全解析和全价值。所谓“全空域”是指：打破区域和空间障碍，从天到地，从地上到水下、从国内到国际可以泛在的连成一体；所谓“全流程”是指：关系到人类所有生产、生活流程中每一个点，每天 24 小时不停地信息积累；所谓“全场景”是指：跨越行业界别，把人类所有生活、工作中的行为场景全部打通；所谓“全解析”是指：通过人工智能（AI）的收集、分析和判断，预测人类所有行为信息，产生异于传统的全新认知、全新行为和全新价值；而所谓“全价值”是指：打破单个价值体系的封闭性，穿透所有价值体系，并整合与创建出前所未有的、巨大的价值链。

数字化具有的五全基因与任何一个传统产业链结合起来，就会形成新的经济组织方式，从而对传统产业产生颠覆性的冲击。与工业制造相结合时，就形成工业制造 4.0；与物流行业相结合，就形成智能物流体系；与城市管理相结合，就形成智慧城市；与金融结合，就形成金融科技或科技金融。在与金融相结合的过程中，数字化拥有的海量信息、计算能力、共识机制，可以大幅度的提高金融服务的效率、安全性，降低金融机构运营成本、坏账率和风险。

二、数字化与金融结合带来的变革

数字化拥有的五全基因与金融碰撞以后，重塑了全球的金融生态。主要体现在以下四个方面。

（一）颠覆全球个人支付方式

在数字化浪潮来临之前，我国个人支付主要通过纸币、储蓄卡、信用卡来完成。2002 年，在合并了全国银行卡信息交换总中心和 18 家城市（区域）银行卡网络服务分中心的基础上，我国组建了银联公司。银联创立之后，自主建成银行卡跨行交易清算系统，推广了统一的人民币银行卡标准，在传统支付领域发展迅速，促进了经济社会不断进步。但在创新支付领域如互联网支付、手机支付、二维码支付等方面进展缓慢。

随着我国移动互联网领域的技术进步与应用普及，基于手机的支付方式走进了生活的每个角落，新的支付已经占据主流地位。以支付宝、微信支付为代表的移动支付已经覆盖 14 亿人。从线上到线下，从家庭日常水电气话费支付到交通、旅游、酒店、餐饮，移动支付凭借其高效便捷的支付体验，打破了传统支付方式在空间上、时间上的局限性。2018 年中国移动支付规模约 39 万亿美元，而美国则是 1800 亿美元，差距达到数百倍。我国的电子支付系统已经全球领先。如今，有中国人的地方就有移动支付。在欧美、日韩、东南亚等全球数十个国家和地区的线下商户门店，支付宝、微信支付的范围几乎可以涵盖餐饮、超市、便利店、主题乐园、休闲等各类吃喝玩乐消费场景。

移动支付使得个人的资金往来信息沉淀下来成为信用数据，使得企业在业态层面有了极大的创新——所有权与使用权分离。这就是共享单车、共享办公等共享业态能够出现并蓬勃发展的基础。企业在销售商品或服务时，不再需要卖掉所有权，而只需要卖掉某一个时段的使用权。未来，共享家具、共享工具、共享智力等各类共享业态在移动支付的助推下，将迎来更大的发展机遇。

随着区块链技术在金融领域的逐步渗透，个人跨境转账的底层技术实现方式也开始被改写。过去，个人跨境转账需要跨越支付机构、银行和国际间结算网络，整个过程由于串行处理而效率低下。而现在，区块链技术可以作为支付机构与商业银行之间的接口技术。跨境汇款中的多方通过区块链技术将汇款报文传递给各参与方，从而实现多方协同信息处理，将原本机构间的串行处理并行化，提高信息传递及处理效率。

但是，在新的支付方式高速发展的同时，也要尊重人对支付方式的选择性。随着移动支付的普及，部分商家开始热衷于“无现金”，拒收现金的现象也随之增多。根据《中华人民共和国人民币管理条例》，任何单位和个人不得以格式条款、通知、声明、告示等方式拒收人民币。拒收现金的行为不仅损害消费者的合法权益，从长远看还会危及金融安全。同时，由于移动支付的基础是电力设施、数据中心、网络系统，一旦发生意外如地震、断电、人祸导致移动支付无法使用，将会给社会带来严重后果。

（二）重塑贸易清结算体系

在数字化时代，不仅需要改变个人支付方式，企业间、国家间的支付结算方式也需要进行重塑。企业在开展国际贸易外汇结算时，会面临是以两国货币直接支付结算，还是以美元为中间价结算的问题。在人民币跨境支付系统（CIPS）上线之前，人民币跨境清算高度依赖美国的SWIFT（环球同业银行金融电讯协会）系统和CHIPS（纽约清算所银行同业支付系统）。SWIFT成立于1973年，为金融机构提供安全报文交换服务与接口软件，覆盖200余个国家，拥有近万家直接与间接会员，目前SWIFT系统每日结算额达到5万亿至6万亿美元，全年结算额约2000万亿美元。CHIPS是全球最大的私营支付清算系统之一，于1970年建立，由纽约清算所协会经营，主要进行跨国美元交易的清算，处理全球90%以上的国际美元交易。SWIFT和CHIPS汇集了全球大部分银行，以其高效、可靠、低廉和完善的服务，在促进世界贸易的发展、加速全球范围内的货币流通和国际金融结算、促进国际金融业务的现代化和规范化方面发挥了积极的作用。

但是高度依赖 SWIFT 和 CHIPS 系统存在一定风险。首先，SWIFT 和 CHIPS 正逐渐沦为美国行使全球霸权，进行长臂管辖的金融工具。从历史上看，美国借助 SWIFT 和 CHIPS 系统发动了数次金融战争。2006 年，美国财政部通过对 SWIFT 和 CHIPS 的数据库进行分析，发现欧洲商业银行与伊朗存在资金往来，美国随即以资助恐怖主义为借口，要求欧洲 100 多家银行冻结伊朗客户的资金，并威胁将为伊朗提供金融服务的银行列入黑名单。随后全球绝大部分银行断绝了和伊朗金融机构的所有业务往来，伊朗的对外金融渠道几乎被彻底切断。2014 年乌克兰危机中，美国除了联合沙特将石油价格腰斩外，更威胁将俄罗斯排除在 SWIFT 系统之外，随后俄罗斯卢布大幅贬值，经济受到严重负面影响。其次，SWIFT 是过时的、效率低下、成本极高的支付系统。SWIFT 成立 46 年以来，技术更新缓慢，效率已经比较低下，国际电汇通常需要 3-5 个工作日才能到账，大额汇款通常需要纸质单据，难以有效处理大规模交易。同时 SWIFT 通常按结算量的万分之一收取费用，凭借垄断平台获得了巨额利润。

所以说，在当前数字化浪潮的大趋势下，依托技术更新缓慢、安全性难以保证的 SWIFT 和 CHIPS 系统是没有前途的。在大数据平台、区块链技术的驱动之下，构建形成一个新的清结算网络已经成为当前许多国家的共识。区块链技术具有去中心化、信息不可篡改、集体维护、可靠数据库、公开透明五大特征，在清结算方面有着透明、安全、可信的天然优势。目前全球已有 24 个国家政府投入并建设分布式记账系统，超过 90 个跨国企业加入到不同的区块链联盟中。欧盟、日本、俄罗斯等国正在研究建设类似 SWIFT 的国际加密货币支付网络来取代 SWIFT，越来越多的金融机构和区块链平台正在通过区块链试水跨境支付，用实际行动绕开 SWIFT 和 CHIPS 全球支付体系。

（三）改革全球货币发行机制

货币是国家与国家、地区与地区、人与人之间发生社会关系、交换关系所必不可少的媒介。原始社会没有货币，通过皮毛、贝壳等稀缺的物质来进行交换，但交换的媒介始终无法统一，制约了生产力的发展。农业社会一开始以黄金、白银或铜币等贵金属作为货币中介。进入工业社会后，商品价值量越来越大，用黄金等贵金属作为货币难以承载巨大的交易规模，纸币随之出现。20 世纪 80 年代，货币的电子化越来越发达，电子钱包、信用卡、储记卡、手机支付迅猛发展。时至今日，以比特币、Libra、央行数字货币为代表的数字货币开始出现，货币迎来了数字化时代。

那么货币发行的基础是什么呢？以前货币依靠金、银等贵金属作为锚定物。20 世纪 70 年代布雷顿森林体系瓦解以后，货币发行的基础变成了与国家主权、GDP、财政收入相挂钩的国家信用。美国凭借强大的军事、经济，通过美元垄断了全球石油美元结算和大部分国际贸易结算，美元成为了事实上的“全球货币”。

然而依赖主权信用发放的货币也面临货币超发等问题。1970 年，布雷顿森林体系解体之前，全球基础货币总量（央行总资产）不到 1000 亿美元；1980 年，这一数字大约是 3500 亿美元；1990 年，这一数字大约是 7000 亿美元；2000 年，这一数字大约是 1.5 万亿美元；2008 年，这一数字变成了 4 万亿美元；到 2017 年底，这一数字是 21 万亿美元。尤其是近 10 年来，美国为了摆脱金融危机，通过国债投放货币来刺激经济发展，导致政府债务总量从 2007 年的 9 万亿美元上升到 2019 年的 22 万亿美元，已经超过美国 GDP。如果美国债务持续攀升，到期债务和利息消耗完全部的财政收入，美国没有信用再发国债，融资能力将会减弱，一次新的全球金融危机将不可避免。

如何改变货币超发的局面？在金本位崩溃之后，世界各国一直没有很好解决这一问题。虽然有学者提出回归金本位的呼吁，但受限于黄金储量，回归金本位显然不太现实。在数字时代，有部分企业试图通过发行比特币、Libra 挑战主权货币，这种基于区块链的去中心化的货币脱离了主权信用，发行基础无法保证，币值无法稳定，难以真正形成社会财富。本人不相信 Libra 会成功。对主权国家来讲，最好的践行货币国家发行权的办法是由政府和中央银行发行主权数字货币。在全球央行发行主权数字货币的过程中，除了要提高便捷性、安全性之外，还要制定一种新的规则，使得数字货币能够与主权的信用相挂钩，与国家 GDP、财政收入、黄金储备建立适当的比例关系，通过某种机制，遏制滥发货币的局面。

目前我国央行准备推出的数字货币（DC/EP）是基于区块链技术推出的全新加密电子货币体系。DC/EP 将采用双层运营体系，即人民银行先把 DC/EP 兑换给银行或者是其他金融机构，再由这些机构兑换给公众。DC/EP 的意义在于它不是现有货币的数字化，而是 M_0 的替代。它使得交易环节对账户依赖程度大为降低，有利于人民币的流通和国际化。同时 DC/EP 可以实现货币创造、记账、流动等数据的实时采集，为货币的投放、货币政策的制定与实施提供有益参考。人民银行对于 DC/EP 的研究已经有五六年，我认为已趋于成熟。中国人民银行很可能是全球第一个推出数字货币的央行。

（四）提高产业链运营效率

5G 时代，除了消费电子产品如手机、平板、笔记本电脑之外，智能家居、汽车乃至工业制造设备等各类终端都能够智能化并接入到互联网中。数字平台将进一步进化为万物互联平台，带动人类的互联网产业从 to C 型的消费类互联网发展为 to B 型的产业类互联网。其中，科技金融可以连接数据平台、金融企业、产业链上下游，帮助各方优化配置资源、提高运行效率以及降低运行成本。

科技金融的发展形式有两种。一种是“互联网 + 金融”，有条件的数字化平台公司，围绕自身产业链筹建非银金融机构，独立发展金融业务。另一种是“金融 + 互联网”，金融企业根据产业链发展需要构建数字化平台。前几年经济有些脱实向虚，许多工商业企业、非金融企业热衷于跨界运作，申请各类金融牌照；各种金融机构热衷于集团化、全牌照，以至于金融业杠杆叠加、风险累积、乱象丛生。目前，金融业正在按中央部署进行去杠杆、防风险、加强新形势下资管业务、跨界业务的整顿。

未来，数字化平台下的非银金融机构出路在哪里？我认为最合理、最有前途的模式是数字化平台与各类金融机构的有机结合，形成数字金融体系。各类机构在其中各尽所能、各展所长。数字化平台连接产业链上下游企业，掌握真实的交易信息，可以与各类金融机构合作，为供应链上成千上万的原材料、加工、分销企业提供融资、贸易、资产交易等金融服务。在这个过程中，只要数字化平台把控好资金来源、杠杆比率，就能大幅度降低风险，获得合理的利润，还能有效发挥普惠金融功能。

当今时代是一个数字化时代，技术革新和数字化经济的全面兴起，让科技由最初的工具角色转变成驱动金融变革的中坚力量。数字化的五全基因与金融业不断碰撞融合，不仅改变了个人间、企业间、国家间的清结算方式及主权货币发行机制，还大幅提升了产业链运营效率，带来了整个经济社会的发展和人类的进步。展望未来，量化投资和智能投顾、人工智能定价和理赔核算、金融云服务、区块链存证等新金融业态正不断进化，将引领金融业进入一个全新的时代。

（本文是黄奇帆在首届外滩金融峰会全体大会四“碰撞与融合——数字化浪潮重塑全球金融生态”上发表的演讲。）

数字货币如何改变金融生态

彭文生

■ 本文对数字货币的发展潜力及其对金融生态的影响提出了一些思考。首先，对 Libra 从货币的三大职能角度进行分析，Libra 在起步阶段突破口可能在支付手段上，但发展到一定规模后，储值手段的作用更重要，而记账单位面临的阻碍最大。其次，大型科技平台的电子货币及金融服务早已在中国发展破局规模，有助发展普惠金融、提高支付效率，但又会带来新的风险，有五方面需要监管认真对待：一是支付体系和金融稳定问题，二是铸币税分配问题，三是新型产融结合问题，四是隐私等消费者权益保护问题，五是货币国际化问题。最后，就央行数字货币而言，一方面其会对现有利益格局产生冲击，对平台支付（支付宝、微信支付）或减少银行有挤压影响获得的铸币税；另一方面，在付息的模式下央行数字货币提高货币政策传导效率和调控精准度，降低政府融资成本，增加财政和货币的联系。总的来看，数字货币可能会成为流动性资产的新类别，“代币”、稳定币和央行数字货币存在较大差异，而数字货币尤其是央行数字货币的出现可能会对安全资产利率、发展中国家汇

作者系光大集团研究院副院长、光大证券首席经济学家。

率、银行盈利模式等带来深远影响。未来数字货币形式会是国家货币还是私人部门货币？其实私人部门和政府部门是既竞争又互补的关系，创新的动力来自于私人部门，但发展到一定程度具有系统重要性时，就需要政府部门来管理风险和负外部性。

数字经济改变我们的生活，几乎在所有领域都有体现，货币金融自然也不例外。数字货币一般指以数字为载体的新的货币形式，与流通中的现钞不同，其交易与储存以电子记账与转账的方式完成。具体什么是数字货币则有争议，市场比较关注的有比特币（加密“货币”的代表）、与法定货币挂钩的稳定币、央行数字货币。Facebook 最近提出的 Libra 稳定币计划成为全球热点，央行发行数字货币的可能性也因此受到更大关注。本文就数字货币的发展潜力及其对金融生态的影响提出一些思考。

一、商品货币回归还是国家货币升级？

货币形式不断演变反映出技术进步和制度环境的变化。从近代历史看，我们思考货币的形式和内涵有两个维度：是商品货币还是信用货币，是私人货币还是国家货币。

金币银币是商品货币，其作为货币的功能依存于其作为商品的内在价值。金匠发行以黄金储存为抵押的汇票，提升了支付的效率。后来，金匠发行没有 100% 准备金支持的钞票或存款凭证，具有部分银行信用货币属性。再后来，银行存款基本由以贷款为抵押品变成完全的银行信用货币了。

信用货币的背后是负债，私人部门负债抑或政府负债。以银行贷款（信用）为抵押的银行存款（负债）是私人货币，央行发行的货币则以政府信用背书，是政府货币或者国家货币。在当代，央行发行的货币主要是流通中现金和商业银行在央行的存款准备金，被称为基础货币或本位币。银行存款是广义货币，制度安排演变到今天，存款保险制度、央行最后贷款人角色、叠加金融监管使得当今的商业银行是公私合营机构，银行存款也不再是单纯的私人货币，而是有政府信用的支持。

从以上两个维度来看，比特币近似商品货币，虽然没有内在价值，但一些投资者相信它可以是一种 token（代币），起到作为交易工具的作用。按照 FacebookLibra 白皮书，Libra 和主要可兑换法定货币挂钩，可以说是政府货币的衍生品。后续在 Libra 作为支付与储值工具的基础上如果演变成信用创造，则可能产生类似银行存款的信用货币。央行数字货币是法定货币的一个新形式，而它是简单替代央行发行的现钞，还是提升基础货币作为支付与储值手段的功能，要看其具体设计。

在讨论数字货币的发展时，一个重要的问题是，未来我们是会回到商品货币社会，私人信用货币得到更大的发展，还是数字货币将扩大法定货币的流通范围与功能呢？是商品货币或者说私人货币回归，还是国家货币升级？这将对金融的生态、体系和结构都有重要含义。简要回顾货币的功能和演变历史有助于我们思考这个问题。

货币有三大功能，支付手段、储值工具和记账单位。在决定什么是货币的问题上这三个功能哪个最重要，在数字货币上又是如何体现呢？

经济学有商品货币论和国家货币论两大流派。

商品货币论认为货币最重要的功能是支付手段，市场竞争最终决定何种商品担负支付手段，而支付手段的广泛流通有助于其成为储值工具与记账单位。看好比特币的人，一般认为政府信用货币和银行信用货币都超发了，带来很多经济金融问题，市场竞争最终会使得商品货币比如黄金、比特币回归。

国家货币论则认为货币最重要的功能是记账单位（价值尺度），有了这一功能，人们才愿意用它做储值手段进行跨期财富转移，愿意用它做支付手段完成商品交易和债权债务交割的清算。记账单位特征是其名义价值不会变化，一块钱人民币永远是一块钱人民币，一美元永远是一美元。国家货币论认为记账单位来源于公权力，即使在原始社会也是部落首领决定记账单位，货币从来就是政府公权力的产物。

按照国家货币论，比特币、Libra 能否成为货币，最终取决于政府和监管机构，而不是市场竞争。对于货币起源的争议我们可以放在一边，现代货币金融体系的演变比较符合国家货币论的逻辑，要改变国家货币体系不容易，但这不代表市场竞争、私人部门创新不会在货币未来的演变中发挥作用。政府和私人部门的互动是关键，最近 Libra 计划在美国引发的争议和讨论凸显了数字货币的公共政策视角，对我们思考相关问题也有启发。

二、Libra 的发展前景及可能带来的影响

按照 Facebook Libra 白皮书，Libra 的使命是建立一套简单、超越国界的货币和金融基础设施，促进普惠金融。在类似稳定币的机制下，Libra 不是和某一种法定货币挂钩，而是和一篮子货币联系，消费者可以用法定货币购买 Libra，也可以用 Libra 换回法定货币。Libra 以赋予其内在价值的资产储备为后盾，由 Libra 协会（一个独立的会员制组织）

负责治理机制。Libra 计划公布以来引起很大的反响和争议，美国的监管机构包括美联储和财政部高层，美国国会和总统都发表了评论，其他国家的监管机构和业界也都抱有很大的兴趣在观望和讨论。

（一）Libra 作为货币的三大职能分析

目前 Libra 仅是个计划，却引来如此高的关注度，主要原因在于数字经济下科技巨头平台公司和货币的网络规模优势有协同效应。平台公司庞大的网络和场景应用带来规模效应，使用的人越多，边际成本越低，进而用的人更多，存在一个自我强化机制。美国的 Facebook 和中国的微信都有很大的社区，中国的阿里和美国的 Amazon 也有庞大的电商用户。货币也有网络规模效应，使用的人越多，交易的边际成本越低，进而就吸引更多的人使用，其货币性就越强。正因如此和传统金融机构相比，Facebook 发展数字货币有较大的优势。我们可以从货币的三个职能来分析 Libra 的发展前景和可能的影响。

1. 支付手段职能分析

作为支付手段，Libra 最大的优势就是可以依靠社交平台网络推广使用，Facebook 社交平台和微信类似，用户都是个人，网络效应是和零售支付、小额支付联系在一起的。我们可以想象它采取类似微信红包的激励措施来吸引使用者，巨大的平台效应可能使得 Libra 的用户规模迅速扩大。

Libra 与法定货币挂钩，但非一对一的透明联系，是和一篮子货币挂钩，这增加了交易成本。汇率波动使得美元和 Libra 之间来回互换有交易成本。那么在美国会不会出现商品以 Libra 标价呢？经济学有个名词叫 menu cost（标价成本），商店如果要标两套价格体系，Libra 价格每天波动会带来更改成本。当然，以美元标价用 Libra 结算是一个可能，但 Libra 和美元之间转换仍然有交易成本。所以，在美国本土 Libra 作为支付手段的空间应该有限。

上述货币转换带来的交易成本在跨境支付上并不是新的问题，而且从技术层面来看 Facebook 可以利用其全球网络平台降低跨境支付成本。正因为这样，跨境支付或者汇款被认为是 Libra 的优势领域和突破口。但跨境支付费用高不仅有技术因素还有监管成本。美国监管机构在评论 Libra 时特别强调反洗钱、反恐融资等问题。从一些新兴市场国家来看，还可能存在跨境资本账户管制的问题，这些监管成本不会因为支付技术进步就可以消除。

假设 Libra 在跨境支付上有较大的突破，形成一定的规模效应，那么 Libra 能否由此在一些发展中国家拓展支付手段的职能呢？也就是将 Libra 用于当地的支付。Libra 和一篮子发达国家货币挂钩，人们对它的信心应该超过一些发展中国家的货币。一般情况下人们在花钱的时候都愿意把币值不稳定的货币先花出去，所以流通中的货币更多是劣币，也就是所谓的劣币驱逐良币。所以 Libra 如果把希望寄托在那些本币不稳定的发展中国家，意图起到货币作用，从支付手段来讲值得商榷。

2. 储值工具职能分析

Libra 最有发展潜力的地方，是作为储值工具。储值工具是良币驱逐劣币，币值较稳定的更易成为储值工具。Libra 作为储值工具，可能对一些发展中国家的货币产生挤压。由于自身金融市场和金融基础设施落后，加上本币币值不稳，在一些发展中国家获得流动性高的安全性资产难度较大、交易成本高。依赖其庞大的网络，Libra 可能为一般居民提供交易成本较低的流动性资产。

Libra作为流动性资产，其基础是和主要的可兑换货币挂钩。Libra的设计类似SDR（特别提款权），但SDR主要是一个记账单位。SDR作为流动性资产只适用IMF会员国家之间的官方机构，而且即使是会员国之间也仅是在小范围内交易。Libra的潜在优势在于，其持有人是一般居民而不是少数政府机构，其应用场景有广度和深度，和私人部门的经济活动紧密相连。

按照这个逻辑推演，Libra可能在某些高通胀或汇率有较大贬值预期的国家受欢迎。对当地居民来讲多了一种安全性资产的选择，但由此对这些国家的货币体系产生冲击，货币替代会降低货币政策的有效性。可以想象，Libra会遭到一些政府或货币当局的抵制。从历史情况看，温和通胀难以导致大规模的货币替代，但在高通胀国家会出现所谓的"美元化"，即美元替代本币。

3. 记账单位职能分析

Libra作为记账单位阻力不小，比作为支付手段和储值手段面临的障碍大。因为记账单位一般是政府规定的。Libra不像支付宝和和微信支付完全依附人民币，它是一篮子货币的衍生品，跟美元比并不透明，很难成为记账单位。在少数国家出现过同一件商品有两个价格、两个计量单位，比如美元是多少、本币是多少，这在极少数本币币值高度不稳的情况下才会发生。我们可以想象Libra在少数法定货币币值不稳定的国家发挥记账单位的作用，出现"双货币体系"，但历史经验告诉我们这种双货币体系很难持续。

（二）Libra是否具备成为货币的潜力

就Libra作为货币的流动性与安全性来看，两个问题值得关注。一是 Libra 的价格会不会随储备资产公允价值的波动而波动。持有 IMF 的 SDR 是有利息收入的，其利率是一篮子货币的官方利率的加权平均值。支付利息无疑会提升 Libra 作为流动性资产的吸引力，按照白皮书，虽然储备资产投资一篮子货币对应的国债等高等级债券和银行存款，但 Libra 并不支付利息。

有市场评论认为 Libra 的价格会随着储备资产的价格变动而波动，我认为这个可能性不大。Libra 本身的价格应该是稳定的，也就是今天持有一个 Libra 明天应该还是一个 Libra，但换算成其他货币比如美元，其价格会随美元与其他货币之间汇率的变化而变化。我们应该区分给本金支付利息（例如存款）和资产价格波动（例如债券），前者比后者的流动性更高。

另一个问题是 Libra 保值的机制。Libra 的储备资产投资于安全性高的政府债券和银行存款，正常情况下能够起到保值的作用。Libra 不给持有者支付利息，随着时间的推移基金累积的投资收益将会提供超过一对一的备付支持。有些评论提到储备基金运营风险，包括资产托管、网络安全等，但这些在技术层面都有办法应对，尤其在规模不大的时候。

那么 Libra 的规模会有多大？有没有过度发行的问题？一个基本的概念是，在没有衍生信用创造之前，Libra 的发行量是由交易需求决定的，也就是被动由消费者的需求决定的。可以把 Libra 理解为现金，现金并不是央行想发多少就能发多少，超过交易需求的现金就会被退回央行，因为现金没有利息，一般人不会在钱包里放很多现金，持有量完全由交易需求决定。

Libra 的发行和退出机制有点类似港币的货币发行局制度。在联系汇率制下，当交易需求增加时，人们从银行提取港币现钞。银行库存现钞不够的话，可以按 1 美元兑 7.8 港元的汇率从香港金管局换取港币现钞。在金管局的资产负债表上就体现为负债端现钞发行凭证（技术上讲是三大发钞行发钞，但本质是金管局发钞）和外汇储备同时增加。交易需求反向变化时，金管局的资产负债表就会缩表。现钞的存量和增量的变化都有美元资产的一对一变化支持，这个保值的机制是有效的。

但是我们观察到，在金融市场动荡时有投资者担心港币联系汇率制能否维持，1997 年亚洲金融危机期间一些对冲基金就做空港币。这是因为香港的金融体系和金融生态无论是规模和复杂程度都大大超越了上述简单的货币发行局机制。尤其是银行体系通过信用创造港币存款，其背后没有美元资产的一对一的支持。即使这样，香港的联系汇率制经受住了国际金融市场波动的冲击，包括亚洲和全球金融危机，虽然付出了一定的代价，即香港经济和资产价格的波动。对照 Libra，在其起步阶段，上述的简单发行机制应该可以有效运作。但如果 Libra 未来衍生信用创造，问题将会变得复杂。

总之，Libra 作为货币的潜力，在起步阶段支付手段可能是突破口，但发展到一定规模后，储值手段的作用更重要，是推动 Libra 真正成为货币的主要力量。从历史上看，一种新型货币的流通呈现非线性的特征，起步初期很难，因为没多少人使用，而一旦过了某个关键点，达到一定的使用规模后会加速发展（图 1）。Libra 现在是 0，按照常理起步会比较慢，但我们不能低估其社区网络带来的规模效应。关键还是要看监管机构如何在支持创新和监管之间平衡，这里面涉及很多新的问题，部分在中国的大型科技平台的电子货币上已经体现。

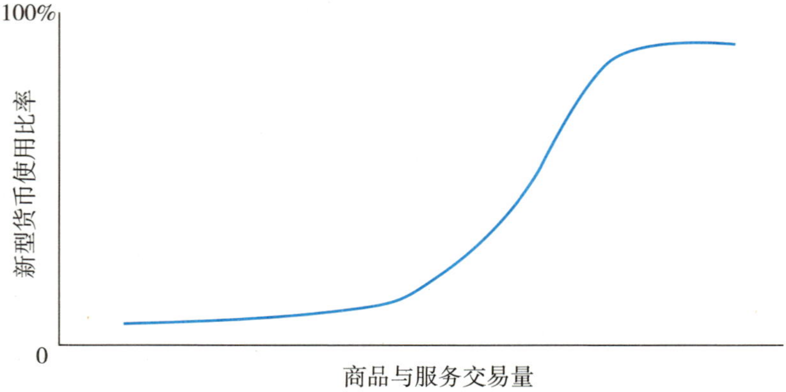

图 1　新型货币使用的网络效应：非线性特征

资料来源：作者整理

三、大型科技平台（BigTech）电子货币

我认为市场把注意力过多放在了比特币、Libra 和央行数字货币，其实大型科技平台的电子货币及金融服务在中国早已开花结果，包括蚂蚁金服、腾讯、百度金融、京东金融等。我们已经看到支付衍生的金融服务。比如余额宝背后的货币基金，其他金融产品如保险分销，甚至是信用创造，如蚂蚁金服和腾讯都有类似银行的机构，虽然不吸收零售存款，但可以通过资产证券化融资。Libra 的发展也有类似的诉求，不仅是支付手段，而且是新的金融基础设施，提供其他金融服务。

Libra 计划公布后，很多人想到支付宝和微信支付，两者有相似的地方，都是建立在现有的互联网和移动通讯支撑的大型科技平台上，都是以提供便捷、低成本的支付服务为起点，都是和法定货币挂钩，币值比较稳定，可以统称为“稳定币”。支付宝和微信支付已经取得了巨大的成就，提高了支付效率，便利了消费者，可以说为 Facebook 设立了成功的样板。但 Libra 似乎野心更大，Libra 依附于一篮子货币，一旦成功将是一个新的全球性货币。

Libra 未来发展有多快，相当大的程度上取决于监管机构如何看待其演变和对经济社会的广泛影响，中国的蚂蚁金服和腾讯在支付和金融服务领域走在前面，对我们思考 Libra 未来的发展有参考意义。同时，Libra 的出现也可能促使中国的监管机构重新审视大型科技平台的金融服务模式和监管问题。大型科技平台的金融服务既有好的一面，如发展普惠金融、提高支付效率，但同时也带来一些风险和新的挑战，需要监管机构认真对待。有五个方面的问题值得关注。

一是支付体系稳定和金融稳定。支付宝和微信支付有 100% 的备付金存放在央行，以保证支付的安全性。Libra 有类似的安排，但不是和一种法定货币挂钩，也不是存放在央行。不管怎样，支付体系的稳定最终和整个金融体系的稳定紧密相连。从金融稳定的角度看，科技平台金融服务的影响有两方面，一是对传统银行业务模式的冲击，二是本身混业经营对监管效率的挑战。

二是铸币税。传统银行体系的盈利来源是什么？银行贷款创造存款，其获得的利差有两部分，一是管理信用风险（信贷风险的评估和管理）的收益，另一部分是通过提供银行存款这类流动性资产获得的收益。流动性资产类似即时的购买力，帮助我们应对难以预计的冲击，为了流动性我们愿意放弃部分收益，这就是铸币税。传统上政府通过发行现钞获得铸币税，银行通过创造存款获得铸币税，现在增加了一个新的铸币税受益人。当然，把银行获得的铸币税部分转移给其他机构本身不一定就是坏事，没有理由说这个税就一定应该由银行获得，有竞争总是好事，但问题是大型科技平台有天然的垄断属性。

三是新型产融结合和垄断。Facebook 和腾讯是大型社交平台，阿里是大型电商平台，这些大型平台既改善了我们的生活，提高了经济活动的效率，也带来赢者通吃的垄断。这些平台参与金融服务，也有效率与公平的平衡问题，这种新型垄断实际上是新的产融结合，新型的银行与实业的结合。传统产融结合的典型例子是前店后厂，银行把吸收的存款贷给自己的大股东的实业公司。美国的金融体系花了差不多 100 年的时间，尤其是战后的 70 年时间才实现了产融分离。历史当然不会简单地重复，Facebook Libra 可能导致新型产融结合，既开银行又开社交平台。新型产融结合对中国的电商平台和社交平台来讲已经是现实的问题。

四是新型产融结合与消费者权益保护。最近美国国会针对 Libra 的听证中，消费者权益保护尤其隐私保护是焦点之一。随着科技平台规模的扩大和对消费者活动影响的深化，隐私等消费者权益保护将成为突出问题，在中国尤其如此。

五是货币国际化。Libra 白皮书发布之后，有观点认为美联储会支持，因为预计美元将占 Libra 一篮子货币最大权重，Libra 有利于强化美元的国际储备货币地位。也有观点把 Libra 和人民币国际化联系起来思考，认为 Libra 在国际上将成为支付宝和微信支付的竞争对手。货币国际化和竞争这个视角不宜夸大，货币国际化不应该以损害内部金融稳定和消费者权益保护为代价。

Libra 的负责人在美国国会听证时说，“如果美国无法引领数字货币创新，其他国家就会抢先美国去做”，这句话很吸引眼球。同理，中国的大型科技平台也可以说类似的话。和传统金融一样，数字货币和金融的发展也将面临监管竞争和套利问题。这种竞争和协调可能还不限于私人机构，央行发行数字货币也受到很大关注。

四、央行数字货币

央行数字货币，可以理解为类似持有人在央行的存款。现在我们持有央行发行的现钞，以后可以直接用数字货币记账和转账，类似央行的资产负债表对所有人开放。当然，技术上可以有其他模式，央行可以通过代理人机构比如商业银行来实现央行数字货币的交易。商业银行替非金融企业和个人代持央行数字货币，实际效果类似 100% 的存款准备金。就央行数字货币对宏观金融和经济的影响来讲，这两种模式的效果是类似的。

央行发行的现金是匿名的，而央行数字货币是否匿名或者是加密货币呢？假如技术允许，央行会愿意做吗？现钞交易带来的不法行为一直是一些央行试图解决的问题。估计不少央行会借此机会解决这个问题，也就是发行非匿名的数字货币。但对于居民来讲，匿名是很重要的考虑因素，匿名并不一定代表保护犯罪，而是指保护个人隐私，这是个有争议的问题。

另一个重要问题是央行是否对数字货币付息。如果不付息，央行数字货币的主要效果只是替代现金，提升支付效率。但如果央行数字货币只是单纯作为支付工具，较支付宝、微信支付等电子货币而言，央行数字货币的比较优势并不明显。如果央行对数字货币付息，其作为流动性资产的属性就会上升，对货币金融格局可能产生重大影响。

（一）央行数字货币的“破坏性”影响

首先看央行数字货币的“破坏性”影响。这里加引号是指对现有利益格局的冲击，这种冲击不一定是不好的。央行数字货币如果付息就和银行存款类似，严格来讲是比银行存款安全性更高的流动性资产，可能引发居民把部分银行存款转化为央行数字货币。这样的话部分铸币税就从商业银行转到中央银行了，或者说回归本源。从现状看，商业银行获得的铸币税有多大呢？图 2 是估算的中国和美国过去近十年的铸币税，每年中国的银行拿到的铸币税大概占 GDP 的 2%，美国在 1% 左右，两者之差主要反映的是中国的银行业相对于 GDP 的规模比美国大。

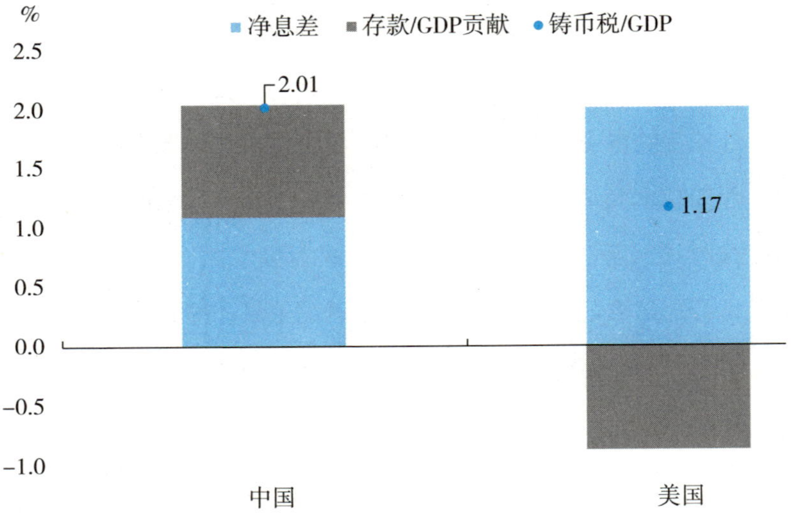

图 2　商业银行“铸币税”估算

资料来源：FRED，Wind，作者估算。净息差为扣除了信用风险和流动性风险的商业银行存贷利差，数据为 2011Q1 至 2019Q1 均值。

央行发行数字货币导致银行存款减少，进而使信贷受到挤压。银行获得的铸币税少了，但这不代表银行的盈利模式就丧失了，银行仍然可以从期限转换和信贷配置中获利。大型科技平台公司的金融服务受到的冲击可能比传统银行更大，因为央行数字货币在支付效率上会形成对电子货币的直接竞争。

图 3 展示了一种极端情形，个人和机构在银行的存款全部转为央行数字货币，央行用这些资金给商业银行贷款，商业银行以央行的贷款来发行对个人和机构的贷款。也就是说，所有的流动性资产都由央行数字货币承担，商业银行变成资金的分销机构，商业银行盈利来自贷款的信用风险评估与管理，而不是提供流动性资产，所有的铸币税收归央行。这种极端情形在现实中不太可能发生，但有助于我们思考央行数字货币规模发展壮大以后对银行及其商业模式的影响。

商业银行

资产	负债
对非银贷款 ➢ 个人 ➢ 机构	来自央行的贷款 ←

央行

资产	负债
贷款给银行	数字货币 ➢ 个人 ➢ 机构

图 3　央行数字货币→狭义银行：一个极端情形假设

资料来源：作者绘制

央行数字货币是否会影响金融稳定？从金融结构来讲，央行数字货币增加流动性资产供给，将减少银行信贷创造流动性资产的动能，降低私人部门的杠杆率，这有利于金融稳定。但是央行数字货币也为挤兑银行存款提供了一个更有效更便捷的渠道。所以有观点认为央行数字货币加大了市场恐慌时出现银行挤兑的可能，从而增加金融不稳定风险。

但也要注意到，能够挤兑本身就增加了我们对银行的信心。我们愿意把钱存在银行，是因为我们相信能随时提取现金。假设支付宝和微信支付导致无现金社会出现，我们没有办法从银行提取现金，那我们还放心把钱存在银行吗？如果央行数字货币替代了现金，在需要的时候我们总可以把银行存款转为央行数字货币，可能反而增加消费者对银行稳定的信心。所以央行数字货币对金融稳定的冲击可能不像有些直观理解的那么简单。

（二）央行数字货币的“建设性”影响

1. 增加货币政策传导效率和调控精准度

从央行的资产负债表看（图 4），负债端本来包括流通中现金和银行存款准备金，未来会增加央行数字货币一项，持有人是非金融部门的机构和个人。如果央行数字货币不付息，只是替代现金，需求有限，变化局限在负债端，央行的资产负债表规模不变。如果付息，对央行数字货币的需求可能比较大，带来央行扩表，在资产端对应的是外汇资产或者国内资产。也就是说，央行可以通过买外汇、国债或者再贷款把数字货币发出去。央行的货币政策增加了一个操作工具，央行可以通过调整数字货币的量或价格，作为政策操作的标的，而且因为数字货币是由非金融部门的个人和企业持有，货币政策传导机制绕过了商业银行，传导的效率和调控的精准度将增加。

资产	负债
对外资产	流通中现金
—外汇资产	银行在央行的存款（准备金）
对内资产	央行数字货币
—国债	—境内非银个体与机构
—再贷款（银行、非银）	—境外机构

图 4　央行资产负债表

资料来源：作者绘制

2. 降低政府融资成本

财政部可以通过央行发行数字货币来弥补赤字，而不一定要发国债。即使这种直接的财政赤字货币化存在障碍，通过央行数字货币也会间接降低国债发行成本。随着央行数字货币支付体系和相关金融基础设施的建设，国债市场会有更多的参与者，尤其是零售端的个人参与者。个人投资者对利率变化不太敏感，其参与的增加有利于降低国债发行利率。

3. 增加财政和货币的联系

近来，现代货币理论引发争议。现代货币理论认为本质上财政和央行是一家，可以通过央行发行货币来弥补财政赤字，所以本币债违约可能性不大，在通胀可控情况下，财政赤字和政府负债的空间比过去几十年主流经济学认为的要大。现代货币理论之所以受到关注，是因为人们反思过去几十年银行信贷（包括影子银行）成为货币投放的主要渠道带来的问题。实际上，央行数字货币可能是现代货币理论落地的机制和操作工具。央行发行数字货币可以直接或间接降低国债的发行成本，增加财政扩张的空间。

4. 央行数字货币存在国际竞争

此外，如果央行发行数字货币，其他国家居民愿意持有，有助于推进货币国际化。显然地，大国的货币和可兑换货币更受益于数字化技术对货币在国际贸易和金融中使用的促进作用。国际竞争可能成为央行数字货币的一个关注点，小国的央行可能通过有差异的手段来获取竞争优势，比如发行匿名的数字货币。总之，央行数字货币也有国际竞争和协调的问题。

五、数字货币对金融生态和金融结构的影响

（一）数字货币或成为流动性资产的新类别

从货币起源看，商品货币论认为支付手段最重要，国家货币论认为记账单位最重要，但是在现代经济中货币影响经济金融活动的最重要载体是储值工具。储值工具是跨期保值和转移财富的手段，虽然房地产、股票也可以起到这种作用，但货币作为储值工具有两个特殊优势：一是安全性，名义价值在存续期比较稳定；二是流动性，能够即时转换为支付手段而不必承受损失。长期国债是安全性资产，但不是流动性资产，因为在到期之前进行变现可能有损失。传统的流动性资产包括现金、银行存款、短期国债等，未来数字货币将成为流动性资产的新类别。

为什么流动性资产如此重要？随着经济发展，劳动生产率提高，现代社会越来越富裕，产出超过当期消费带来储蓄。储蓄实现财富跨期转移，其中一部分必然是流动性和安全性高的资产。因为流动性资产可帮助消费者应对未来可能的收入和财富的负面冲击，以平滑消费。从生产端来看，如果没有流动性资产来保值以应对不可预测的冲击，每个人都不得不以保存实物的形式以备未来的消费，整个社会就会出现投资不足、资源利用不充分的问题。这是因为正常情况下只有一部分人面临负面冲击，那些没有受到冲击的人储存的实物就是无效的资源利用。

怎么定义安全和流动性资产？经济学有个概念，叫 no question asked（NQA）即无须问任何问题。我支付你一百块钱现金，你不会问我这一百元是不是安全的。我通过银行给你转账一百元，你也不会问是

不是安全的。但如果有人推荐买一只股票，你会问这个上市公司效益怎样？股价下跌的风险有多大？那些没有私人信息能套利的资产，就是安全性资产。以上市公司股票为例，研究有助于掌握更多有关公司基本面的信息，甚至有人知道内幕消息。这些私人信息能产生价值，但对于大部分人来讲难以获得，所以股票是风险资产。

没有人对央行发行的现钞有私人信息，获得对银行存款的私人信息也很难。银行存款的抵押品或者说支持资产是众多贷款，一般投资者很难研究分析这些贷款坏账率是多少，生产私人信息的成本太高。但正因为没人做得了，反而是安全的。过去几年银行理财也是一样，类似银行存款，大家搞不清楚它背后的底层资产是什么，没人有能力有足够时间去研究，所以它变成安全性比较高的资产。当然这样的安全性是脆弱的，是一种信仰，而这种信仰是一把双刃剑。一旦有新的不利信息，一家银行出问题可能导致大家怀疑所有银行的稳健性。因为一般投资者没有能力区分优劣。这也是为什么面对小投资者的非净值型理财产品很难打破刚性兑付，这些理财产品要么是类似存款的安全性资产，要么一旦打破刚性兑付，可能引发挤兑甚至系统性金融风险。解决办法是政府担保，但政府担保又带来道德风险问题，会导致过度扩张，所以需要政府监管。

明斯基把现代货币体系描绘为一个金字塔（图 5）。在最高层是财政部或央行发行的本位币，安全性流动性最高。第二层是银行信用货币，在正常情况下银行存款是安全的，但一般来讲其安全性低于政府发行的本位币。在现行机制安排下，得益于政府担保，即使银行出了问题，个人储户的存款也能得到保障。第三层是某些非银行信用所衍生的流动性资产，比如以未来现金流作抵押品所发行的资产支持证券。资产证券化将未来的现金流折现成短期的流动性资产。

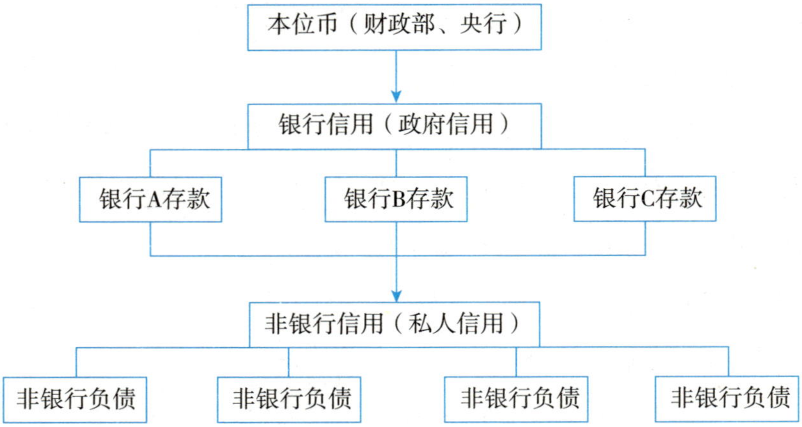

图5　货币金字塔

资料来源：作者归纳整理

（二）数字货币与传统货币的区别

第一，比特币不是货币，将来也很难成为货币。比特币现在不是货币应该没有争议，比特币的价格波动大，很少人用比特币支付、储值，更谈不上作为记账单位。未来也很难想象比特币成为有些人所希望的代币（token），其供给有限是最大障碍。和黄金类似，本位币供给弹性低会促使银行信用扩张创造流动性资产，加大经济的波动和金融风险，所以凯恩斯把金本位制称为“野蛮时代的遗迹”。当然有很多种类似比特币的“加密货币”，供给是无限的，但背后没有任何实体资产支持的无限供应只能是传销而不可能是货币。过去上百年时间政府本位币和银行信用货币在不同时期都经历过过度扩张，引发高通胀或者资产泡沫、金融危机的问题。就过去40年来讲，在财政审慎、金融自由化的大环境下，由于财政与央行提供的流动性资产不足，促使商业银行和影子银行通过信用扩张来创造流动性资产，结果就是资产泡沫、金融危机。数字货币将会加大还是降低现代金融体系的失衡呢?

第二，依附于或者衍生于法定货币的数字货币有提高支付效率的一面，但作为货币的角色主要取决于其如何改变流动性资产的供给与需求。Libra可能为发展中国家提供一类新的流动性资产，但其底层资产是主要发达国家的国债和银行存款，也就是增加了全球对美国流动性资产的需求。根据历史经验，由此导致的流动性短缺将促使银行（影子银行）信贷扩张以生产更多的流动性资产，加大金融风险。未来 Libra 衍生信用创造，更有可能自己生产流动性资产。支付宝和微信支付已经衍生了包括蚂蚁金服的余额宝、腾讯的零钱通和以贷款为抵押的资产支持证券在内的流动性资产。

第三，央行数字货币是本位币的一种新形式，是安全性和流动性最高的资产。人们对流动性的需求波动大，非政府信用支持的流动性资产有一个最大的问题是：当大家都追求流动性时“总量流动性是不存在的”（凯恩斯语）。在私人部门风险偏好大幅下降时，政府成为唯一的交易对手，只有政府才能提供足够的流动性资产。从改善金融结构、维护金融稳定的角度看，央行发行数字货币至关重要。

（三）数字货币对金融市场的意义

一是无风险利率下降，例如前文提到的降低国债发行成本，Libra 会导致对美国国债的需求增加。进一步讲，货币国际化可能会使大国受益小国受损，如果更多海外的人持有中国央行发行的数字货币，会降低中国国债的利率。二是一些发展中国家的汇率可能面临新增的贬值压力。三是风险溢价上升，商业银行信贷受到挤压。贷款供给减少使得银行通过价格来分配更加稀缺的贷款。同时，像蚂蚁金服和腾讯这类新金融平台通过大数据来评估信用风险，可能会更好地做到贷款的信用管理，信贷对抵押品的依赖下降，信用层级更加分明。

六、私人部门创新与政府监管

未来的数字货币形式到底是政府/国家货币还是私人部门货币？其实两者不是完全互斥的，既是竞争关系又是互补关系。创新的动力来自私人部门，但私人部门创新发展到一定程度，具有系统重要性时，就需要政府监管来管理风险和负外部性。

货币演变的历史就是这样的，金币银币的出现在当时是创新，有利于支付交易，但后来有人制造金银含量不足的硬币来获利，导致人们对该类货币丧失信心，甚至引发金融危机。应对的方法是政府给金币盖章，通过政府的验收与证明增加人们对货币体系的信心。

银行存款一开始成为货币也是创新，后来的演变是准备金比例越来越低，银行用贷款做抵押来发行银行钞票/存款，带来很多问题包括银行危机。应对的方法是政府通过干预来增加非金融部门的个人和机构对银行存款作为货币的信心。政府干预体现为存款保障机制、央行最后贷款人角色，同时加强监管。金融机构享受政府担保的代价是接受监管。

今天，Facebook Libra 启动后可能很快具有系统重要性，需要监管未雨绸缪。支付宝和微信支付都是对社会有益的金融创新，有利于普惠金融的发展，但其规模具有系统重要性，尤其是衍生的金融服务，包括混业经营和新型产融结合可能对金融稳定和消费者权益有影响，所以需要加强监管。历史上发生过多次监管赶不上私人部门创新导致系统性问题的例子。我们在思考数字货币发展时，需要从其公共政策视角予以特别关注。

数字货币与银行账户

姚　前

■ 本文探讨了数字货币与银行账户的关系，提出了基于银行账户与数字货币钱包分层并用的设计思路，并借助专项补贴款发放的案例展示了应用场景，同时还提出了进一步研究可聚焦的领域。

基于账户和不基于账户

数字货币能否发挥其成效，技术路线、风险防控手段及安全保障措施固然是基础，但应用是关键。只有被公众和市场接受的、好用的法定数字货币才有生命力，才能真正实现对传统货币的补充甚至是替代。虽然纯数字货币系统可以不与银行账户关联，但由于我国的货币发行遵循中央银行到商业银行的二元体系，而且当前社会经济活动主要基于商业银行账户体系开展，如可以借助银行账户体系，充分利用银行现有成熟的 IT 基础设施以及应用和服务体系，将大大降低数字货币推广门槛，提

作者现任中国证券登记结算公司党委副书记、总经理，时任中国人民银行数字货币研究所所长。

高使用便捷性和灵活性，有助于最广大的客户群体使用数字货币。数字货币在融入现有的应用基础之上将拓展出更加丰富和多元化的场景，数字货币的自身服务能力和竞争力也将进一步增强。

借助账户体系，最直截了当的办法是扩展中央银行资产负债表的接入范围。事实上，商业银行和一些其他金融机构以央行存款形式持有的中央银行求偿权已经数字化。但中央银行是否应该向更广泛的对手方提供此类服务？包括居民家庭在内的非金融部门是否可以在中央银行持有账户？这个问题引起了广泛的讨论。英格兰银行、欧洲央行和瑞典央行已经就此问题做了相关的研究。英格兰银行副行长本·布劳德本特道出了商业银行的担忧：“那会引发存款从商业银行转移到央行，导致整个银行体系缩窄，成为’狭义银行’。”实际上，这种担忧目前在监管层面具有一定的代表性。

对此，中国人民银行行长周小川也早就发表了自己的观点：“数字货币的技术路线可分为基于账户和不基于账户两种，也可分层并用而设法

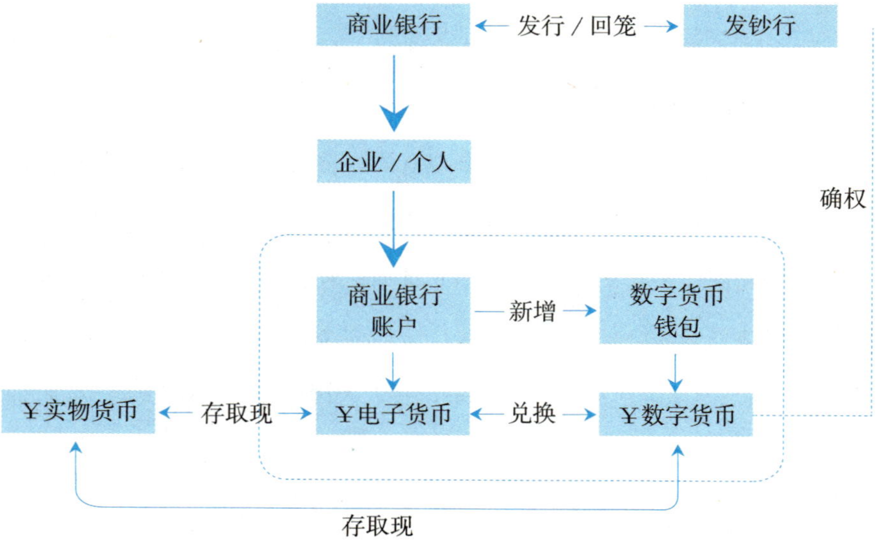

图 1　商业银行账户体系支持数字货币

共存。”这是非常原则而又精辟的表述，分层并用的思想显然要比直接在央行开户的方式考虑得更深。但在如何实现的具体手段上，这段话似有不同解读，本文试图谈谈个人的一点理解。

商业银行传统账户体系 + 数字货币钱包属性

为缓冲单独设立数字货币体系给现有银行体系带来的冲击，也为了最大限度地保护商业银行现有的系统投资，在具体设计上，可考虑在商业银行传统账户体系上，引入数字货币钱包属性，实现一个账户下既可以管理现有电子货币，也可以管理数字货币。电子货币与数字货币管理上有共性，如账号使用、身份认证、资金转移等，但也存在差异。数字货币管理应符合央行有关钱包设计标准，类似保管箱的概念。银行将根据与客户的约定权限管理保管箱（比如必须有客户和银行两把钥匙才能打开等约定），保留数字货币作为加密货币的所有属性，将来利用这些属性可以灵活订制应用。

这样做的好处是沿用了货币发行二元体系的做法，数字货币属于 M_0 范畴，是发钞行的负债，在账户行的资产负债表之外。由于账户行依然还在实质性管理客户与账户，不会导致商业银行被通道化或者边缘化。不同于以往的存现金，数字货币不完全依赖银行账户，可以通过发钞行直接确权，利用客户端的数字货币钱包实现点对点的现金交易。

央行自主发行与授权发行

发钞行可以是央行，也可以是央行授权的发钞机构（例如港币发行模式）。具体选择哪种发行方式得根据实际情况来定，本文仅作学术探讨。

在中央银行集中统一发行数字货币的环境下，商业银行银行库中的数字货币属于商业银行的资产，中央银行的负债；商业银行客户账户中的数字货币则属于客户的资产，中央银行的负债。客户之间点对点交易数字货币，由央行数字货币发行系统进行交易确认与管理，央行承担交易责任；交易电子货币，则和现有流程一致，通过央行跨行支付系统、商业银行核心业务系统完成。

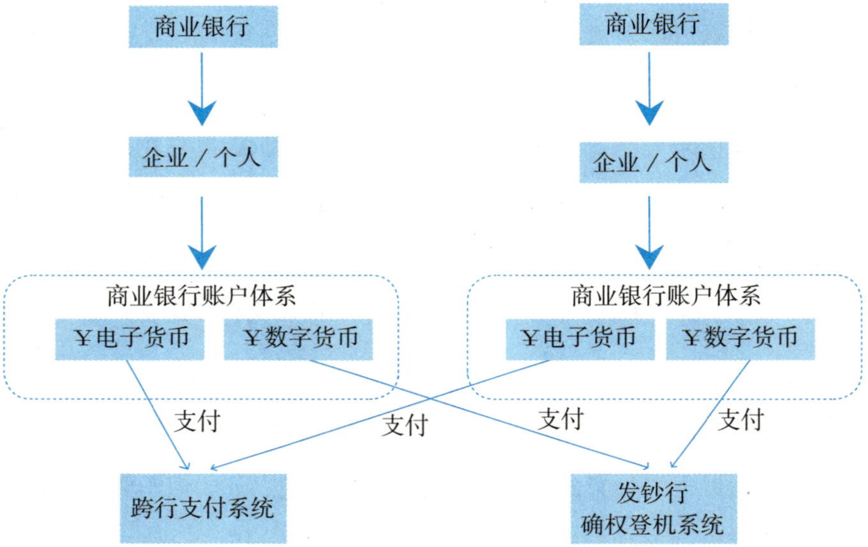

图2　不同类型货币不同交易渠道

在央行授权发行法定数字货币的环境下，商业银行银行库中的数字货币属于商业银行的资产，发钞行的负债；商业银行客户账户中的数字货币则属于客户的资产，发钞行的负债（发钞行不一定就是账户行）。客户之间点对点交易数字货币，由法定数字货币发钞行进行交易确认与管理（谁发行谁管理），央行承担监管责任；交易电子货币，则和现有流程一致，通过央行跨行支付系统、商业银行核心业务系统完成。需要说明的是，发钞行和中央银行以及发钞行之间的互联互通，将由央行来做顶层设计，该顶层是否可以迁移至分布式账本的架构之下，将是业界面临的重大课题。

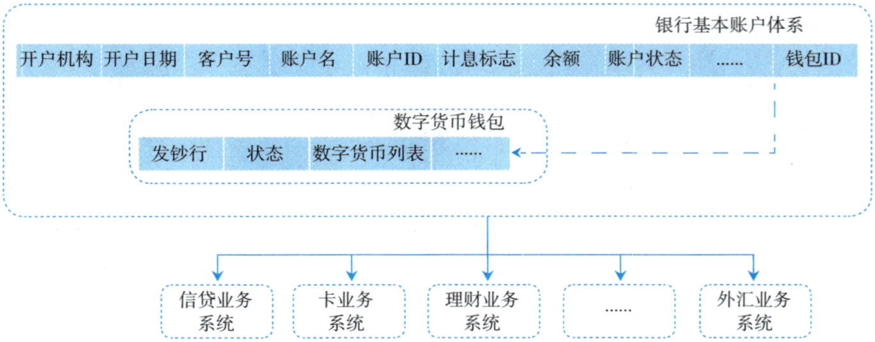

图 3　数字货币钱包与银行基本账户体系

数字货币钱包的设计思路

在分层并用的具体实现手段上，延续商业银行以客户为中心的思路，在银行基本账户增加数字货币钱包 ID 字段。钱包起到保管箱功能，不参与日终计提等业务，最小化影响现有银行核心业务系统。数字货币的确权依托发钞行，传统账户与数字货币结合，可以极大地增强银行 KYC（了解你的客户）与 AML（反洗钱）的能力。在钱包设计上，所有的数字货币钱包需符合央行提供的规范。银行端的数字货币钱包较轻，仅提供安全管控以及账户层相关的必要属性，侧重于数字货币的管理；应用服务商提供的客户端的钱包较重，其功能会延伸至展示层与应用层。在客户端，智能合约的应用可以尽情施展，这也是应用服务商的核心竞争力之一。

应用场景示例：专项补贴款发放

某部委发放专项补贴款，逐级下发至获取补贴款的企业或个人。如果要跟踪补贴发放的实际到位情况，传统模式下难以实现，往往需要逐级汇总报送上来，信息流和资金流不能做到完全匹配，执行中各地存在落实不到位、以拨列支等现象。依托数字货币的可跟踪的特性，辅助一定的智能合约权限管理，部委将可以不依赖其他业务参与方，直通式掌握各级补贴发放情况，避免下级机构挪用补贴的风险，实现专款专用。

如果不在银行账户体系中植入数字货币钱包属性，势必要各级机构、各补贴受益人开通和使用数字钱包，不仅需要考虑数字钱包物理载体的选择，而且还涉及众多参与方，央行将直接面对终端用户，推广难度大。而基于商业银行账户体系，应用部分在商业银行后台即可改造解决。对各级终端用户来说，利用现有账户，操作上和之前日常习惯一致，通过银行柜面、网上银行、手机银行等现有渠道就可以完成该项服务。

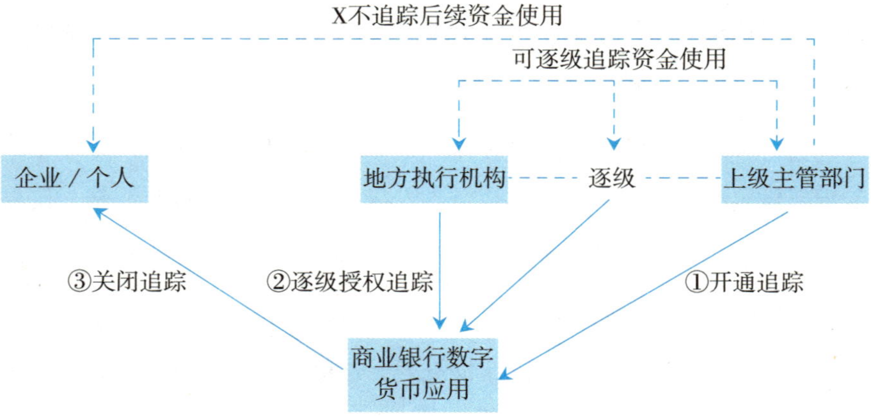

图 4　专项补贴资金精准追踪

结语

在全面数字化的世界里，不能因为表面上、形式上都是数，就混淆数字背后的经济金融内涵。此数字与彼数字尽管都是数，但它们有可能代表不同类型的资产，这是在考虑数字货币设计的时候必须牢记在心的。实物货币转化为 M_1 或 M_2，天然就有实物和数字的区隔，但数字 M_0 极易让人忽略这种区隔。普遍的观点是数字资产之间的转换速度加快了，但这意味着不同类型的数字资产间的差异消失了吗？

中国人民银行副行长范一飞曾撰文指出："法定数字货币必然受到现有支付体系、信息技术的影响，但也需要与现有支付体系适当区分，以专注于自身服务领域，发挥其替代传统货币的功能。从理论上说，支付体系主要处理的是广义货币中的活期存款部分，而数字货币则主要属于现金（M_0）范畴。"

通过在商业银行账户体系中新增数字货币属性的方法，法定数字货币不仅可以有机融入"中央银行—商业银行"二元体系，复用现有的成熟的金融基础设施。更重要的是，此一处理，因特殊考虑了数字 M_0 在商业银行体系中的"安身立命"问题，既可使之独立开来，又可分层并用。发钞行只需对数字货币本身负责，账户行承担实际的业务，应用开发商落实具体的实现，各司其职，边界清晰。若辅之以其他手段（比如可以酌情收取保管费，实质上等同于负利率），或可降低狭义银行出现的可能性。

增加数字货币属性也是对商业银行账户体系的创新，商业银行不仅可以利用现有账户系统继续为本行客户提供数字货币服务，还可以利用数字货币的新特性积极拓展新型业务，进一步加强自身的服务能力与竞争力。

本文的探讨只是一个开始，进一步的研究可聚焦钱包的设计规范，更进一步考察的问题还有：（1）如何设计差异化的货币使用成本和资产价格政策来保证转轨期的纸币、法定数字货币和商业银行存款之间的动态平衡。（2）如何在此设计之上构建良性的中央银行、（发钞行）、商业银行、钱包服务提供商、支付服务提供商、数字货币使用方之间的应用生态。

《清华金融评论》（2017 年 07 期）

数字货币的会计确认和税收

罗　玫

区块链与商业的结合将会改变传统行业的格局。区块链网络上发行和流转的数字货币在与区块链结合的实业生态中担负着多种交易和支付的功能，也可以在传统企业的商业场景中代表真实资产的可以无限拆分的权益。近两年盛行的一种融资方式是当区块链网络中的数字货币还没有真实运行，区块链创业项目通过早期筹资的方式将数字货币提前预售给合格投资人，这些数字货币就代表着这个创业项目区块链网络中加密的数字化权益和价值的证明。个人和企业也在不同场景里持有数字货币。但是针对数字货币的会计制度和税收制度并没有正式提出，而这些制度是区块链促进产业升级发展的基础性设施，是国际国内证券监管机构、税务机构和会计准则制定机构都非常重视的领域。我们分析以比特币为代表的加密数字货币的会计确认和计量方法，并介绍美国税务局新推出的数字货币拥有者的征税指导。

加密数字货币是存在于不可篡改的分布式账本上的虚拟资产，是拥有者控制的现时经济资源，无疑属于会计报表中的资产。它不具备如厂

作者系清华大学经济管理学院会计系博士生导师，清华大学经济管理学院数字金融资产研究中心主任。

房、设备那样的实体，不是国家背书的法定货币，也不是和法定货币直接对应的电子货币，价格的波动性非常大，不能随时确定转换为现金的金额，并且不像股票那样具有从其他方收取资产的合同权利，因此数字货币在资产确认上不能被计为“现金”、“现金等价物”或“金融资产”。公司主体持有数字货币的常见场景为挖矿获得，通过二级市场交易获得短期利益，数字货币投资基金投资所换得的数字货币。根据数字货币持有的目的，数字货币计入财务报表的不同资产类别，在会计期末均需要在财务报表中予以体现。

一、数字货币的会计确认和计量

（一）以长期持有为目的

矿工“挖比特币”的挖矿过程和挖金矿后得到金子这个“奖励”过程很类似，不同的是，比特币矿工没有“挖”这个劳动过程，而是在耗费自己的计算资源计算一个目标值以满足区块链网络自动设定的数学要求，从而得到系统发出的比特币奖励。矿工挖出比特币后得到的比特币，应该记账为借资产类，贷收入。另外一个商业情景是矿机生产商售卖矿机后得到的数字货币形式的收入。无论是对矿机生产商还是矿工来说，比特币或其他种类的数字货币，都是收入的一种酬劳形式，他们会根据经营的现金流健康状况决定是否将持有的数字货币转换为现金，一般情况下以长期持有为主。这样获得的比特币符合“无形资产”的定义，应作为使用寿命不确定的无形资产予以确认，以收到加密货币时的市场价格计入财务报表。

加密数字货币计为无形资产存在以下几方面的缺点。（一）无形资产准则一般假设该资产能用于企业生产经营并能产生未来现金收益，比如制药公司的知识产权或电影公司的版权赋予了使用者开发利用该项资产以获取长期的未来现金收益。但是加密数字货币不具备这项功能，不能够在开发经营中产生未来的现金收益。持有它的目的更像是价值储存，与持有黄金或艺术品类似。（二）资产负债表一般按照流动性的大小来列表，在一年内或一个经营周期内能转化为现金的是流动性资产，在一年以上或比一个经营周期更长的时间内能转化为现金的是非流动性资产，无形资产一般列为非流动性资产类别，是长期资产。但大部分的加密数字货币的流动性非常高，可以随时在交易所处置为现金，在列表位置应该与现金的位置相近。（三）处置无形资产的所得现金一般计入投资活动现金流入。如果一个公司拥有很多数字货币，它可以随时卖掉数字货币换取现金，现金流的健康状况非常好，但这些现金流入只能反映在投资活动现金流中，不在经营活动现金流中。因此经营活动现金流无法衡量一个持有数字货币企业的盈利能力和赚取现金的能力，尤其是依靠挖矿或售卖矿机这些经营活动而获得数字货币的企业。（四）减值应该什么时候进行评估计提是个难点。当市场价格远远低于数字货币的初始成本价格时必须计提减值损失准备，降低利润，但数字货币的价格每天波动幅度都很大，如果只是在报表日反映持有的加密货币累计的减值损失，并不能给报表使用者提供反映数字货币真实价值的完整信息，报表日的后一天这些数字货币价值有可能降低 10%，直接影响企业的估值。

尽管加密数字货币计为无形资产有不完善的地方，企业主体以长期持有为目的而持有的数字货币按照无形资产计量最为谨慎。

（二）以销售为目的

加密数字资产的二级量化交易公司持有多种币种，拥有数字货币的主要目的是短期销售获利，因此他们的数字货币应该以存货计入报表。存货一般按照成本与可变现净值（即销售价值减去相关处置的销售费用）孰低的原则进行计量。如果市场价格低于成本价，需要计提存货减值准备，相应的差额作为利润表的损失，进入当期利润。如果数字货币价格上涨，超过其初始成本，超过的部分不能计入利润。但是商品交易员或经纪人（Commodity Trader or Broker）允许公允价值计量存货，加密数字货币的二级市场资产管理公司代替投资者买卖数字货币，数字货币可以被认为是商品，因此这些被买卖的数字货币可以以公允价值计量为存货，市场价格的变化须随时计入当期的报表利润。

（三）以投资为目的

目前大部分私募数字货币基金直接以主流数字货币（BTC 或 ETH）来募资，然后通过参与区块链项目的一级市场融资来进行投资，以追求投资的高回报率为目的。基金募集后所持的 BTC 或 ETH 存放在企业钱包内，还是按照无形资产成本法计量，这种“本位币”科目类似传统股权基金会计科目中的“银行存款”科目。

私募 Token 基金在一级市场投资区块链项目时会签订投资合约，区块链创业方主网上线后将按一定换算比例发给基金自己网络的数字货币，这些数字货币可以用来购买区块链网络相关的商品或服务（即 Utility Token 筹资方式），或代表项目方某些资产的一部分权益（即 Security Token 筹资方式）。目前私募 Token 基金得到项目方数字货币后大多会伺机售卖以追求高回报，符合以投资为目的持有这些投资换来的数字货币。如果这些换来的数字货币代表某个主体资产的利益，那么这些持有的数字货币符合金融资产的类别，并按照公允价值计量且其价值变动计入每期利润。很多区块链项目的数字货币交易不活跃，需要聘用第三方评估机构来对数字货币进行估值。

二、数字货币的税务实践

区块链行业的健康发展离不开监管制度的设计。目前，美国针对加密数字货币还没有制定相应的正式税收条例，在实践中，税务、法务和会计师根据已有框架提供原则性指引。中国还没有相应的指导，但在实践中的摸索刻不容缓。数字货币的缴税实体主要有售卖数字货币进行融资的区块链项目方（发币方），以及拥有数字货币的个人和企业。

区块链项目方融资时有两种售卖数字货币的方式，相应的会计确认和税收处理大不相同。当区块链项目方按照实用型（Utility Token）售卖数字货币来融资，售卖的是以后自己区块链网络上的产品或者服务，融资时获得的比特币或以太币应该借记无形资产，同时贷记递延收入（负债）。当区块链网络上线后，项目方兑现承诺并发放给投资者数字货币时，应确认收入，同时递延收入减少。以美国为例，美国证券管理委员会（SEC）在 2018 年 11 月 16 日发布关于数字资产证券的发行和交易公告，严正声明数字资产发行应严格判断是否按照证券法进行登记和发行，惩罚一些原来没有按照证券法进行登记和发行的区块链项目公司。很多以前按照实用型发行数字货币的公司会自查或被审核是否应该按照证券法进行登记和发行。在遵循证券发行的框架体系下，区块链项目方按照证券型（Security Token）售卖数字货币融资，募集的比特币或以太币应该借记无形资产，同时有可能贷记数字资产“权益”，尽管会计准则没有明确售卖的 Security Token 是否符合准则中“权益”的定义。

实用型和证券型发行数字货币筹得的融资款会计处理不同，造成的缴税负担则也全不同。在现有税法框架即 2014 年下发的 IRS2014-21 指引下，比特币为代表的虚拟货币（Virtual Currency）按照财产（Property）的相关税法来进行缴税。区块链项目方如果按照实用型发行数字货币，融资时获得的比特币、以太币或现金形式的融资款需要缴税，哪怕还没有提供区块链网络上的产品或服务。很多项目方为了避税，将收取融资款的实体建在了税收优惠的地区。如果按照证券型售卖数字货币融资进行登记和发行数字货币，收到的融资款在会计准则中可能被计入权益，那么就无需缴税。比如在美国，由于现行的数字货币证券法发行方法还没有完善，相应的会计处理也没有权威指导，规则制度的落后使得部分项目方即使谨慎遵循证券法发行数字货币，募集的虚拟货币资产也可能需要缴税，企业不堪成本负荷，对区块链实践创新造成极大阻碍。

美国数字货币个人缴税义务按照 2014 年 IRS 发布的 21 号指引，但很多问题没有解答。国税局 2019 年更新为 2014-24。指引针对持有数字货币的常见交易如何确认收益和损失，如何进行缴税进行了规定。持有数字货币为资本性资产（Capital Assets）的个人在高于获得数字货币的成本价卖出时，或用数字货币支付购买其他商品时，需要对售卖价格或购买其他商品的价格与获得数字货币时的成本差缴纳资本利得税。收到数字货币的卖方，或者“挖”数字货币的矿工应该按照收到数字货币时的公允价值计入应税收入。如果虚拟货币用于支付员工工资，雇主需进行申报，员工按照工资收入正常缴税。当数字货币进行了硬分叉，即原有的区块链网络新增出完全不同的区块链网络，如果原有的持有者获得新分叉出的币，应按照收到的新币市场价值确认应税收入。同样税收原则也适用于区块链项目方在社区活动中给个人发的免费空投币“Air-drop”，个人需要缴纳个人所得税。当数字货币进行了软分叉，原有的区块链网络并没有新增区块链网络，所以原有的持有者没有新获得收益，不用缴税。确认缴税收益的难点在于很多数字货币没有进行公开交易，离上线只有半年或一年时间，公允价值无法计量，很多企业采用估计的方式，而估计模型非常简陋。

三、结论

加密数字货币是新时代新技术下的产物，它所依托存在的不可随意篡改的分布式账本是一个新的组织形式，而现阶段的美国实践依赖现有的会计准则框架和税收框架去寻找合适的会计计量和缴税方法，以及财务报告列表位置。但是在具体实施准则时存在大量的主观判断，这些模糊情形下的会计确认、计量以及缴税都会影响报表的呈现和信息传递。随着区块链行业的实践不断更新，我国建立新的财务报告规范，税收规范以及加密数字货币的证券规范，同时融合更新，建立相互匹配的框架系统，才能加大促进区块链的技术实业创新、建立区块链助力实体经济的世界领先地位。

数字货币：已经启程的金融大革命

陆岷峰　汪祖刚

■ 纵观经济金融发展史，货币作为经济金融的微观内核，一直伴随着经济金融活动和技术驱动而发生形态上的演进。近年来，数字经济和数字技术的发展改变了传统货币形态，衍生出了数字货币新形态，将成为未来货币体系变革新增变量，以推动数字货币的理论与实践进入新的发展阶段。在梳理国内外数字货币发展现状的基础上，厘清理论界和实务界针对当前数字货币发展的定位、发行、功能等三大主要争论焦点问题，并把握好数字货币发展的基本原则，进一步从基础设施、关键技术、应用场景、政策评估、国际地位等五大方面提出促进数字货币稳健发展举措，以促进数字货币的有效运行，更好地服务于未来数字经济与数字金融的发展。

陆岷峰系江苏银行连云港分行行长、党委书记；汪祖刚系南京财经大学中国区域金融研究院研究员。

一、引言

纵观近4000年的货币发展演进过程，货币始终保持了价值尺度、流通手段、交换手段、贮藏手段等四大基本属性，但其形态伴随着社会经济金融活动和技术条件而不断衍生。货币形态的变化经过了以天然贝类、龟背为代表的实物货币时代，随之在金融冶炼技术的推动下形成了以铜币、银、金等为代表的金属铸币时代，而后在造纸和印刷技术的助推下形成了信用纸币时代。近十年来，特别是以2009年比特币为代表的依托于移动通讯、互联网、密码算法、分布式账本、区块链等新型技术衍生出来的数字货币在全球范围内的私人部门间实现发行、流通、支付、交易和结算，为消费者支付方式带来了新变革，使得整个货币形态从实物形态向数字形态演进成为了今后相当长一段时间的颠覆式跨越和发展主线，甚至或将成为未来数字经济时代下的通货形态和重要金融基础设施。

近十年数字货币的发展引起了各国政府、货币当局、金融机构、学术界等高度关注，尤其是对数字货币的定位、发行、功能、监管等问题所引发的对现有法定货币及货币金融政策的冲击与影响引发深度探讨。创新的事物在发展之初都是伴随着争议而发展，数字货币亦如此。在数字经济与数字技术的推动下，数字货币作为新生事物，在发展初期亦存在诸多争议点，其中包括法定数字货币与私人数字货币的关系定位问题、去中心化与中心化问题、替代与共存问题等。因此，基于货币的本质属性，梳理数字货币发展的争议点，对未来数字货币的发展原则和路径策略进行前瞻性展望具有重要的理论意义和现实意义。

二、数字货币：国内外金融探索均已触及

自 2009 年第一批比特币被挖出，世界各国央行高度重视并投入大量的人力、财力和技术开展数字货币领域的研究、试验与探索，十年的发展也取得了一定的实践成果。

从国际上看，欧美等发达经济体政府及监管部门对数字货币进行了深度的研究和试验，对法定数字货币和私人数字货币呈现出不同的态度。一方面，目前国际上对私人数字货币属性还没形成统一共识，如德国将比特币定位为“金融理财工具”，新加坡将数字货币等同于商品，加拿大认为 ICO 代币符合证券定义，G20 将数字加密货币定义为资产而非货币。尽管各国对于非法定数字货币法律定位不尽相同，但大多认为数字货币背后的区块链技术有着广阔的发展空间及应用前景。另一方面，不少国家对于法定数字货币持积极态度，其中美国（Fedcoin 项目）、日本（Stella 项目）、加拿大（CADcoin 项目）、新加坡（Ubin 项目）、挪威、塞内加尔、俄罗斯、澳大利亚等国在央行数字货币方面进行了积极的探索和国际合作，也取得了一定的实质成果。

从国内来看，中国人民银行（货币当局）一直高度重视国内数字货币的发展实践，也取得了重要发展进展。近五年来，中国人民银行率先成立数字货币研究所，对法定数字货币的发行体系、关键技术、流通环境、法律问题等进行了深入研究。同时，人行联合六部委还发布了《关于防范代币发行（ICO）融资风险的公告》，表明对私人数字货币的监管审慎态度，注重防范虚拟代币风险。2019 年 8 月 18 日，中共中央、国务院发布《关于支持深圳建设中国特色社会主义先行示范区的意见》，明

确提出大力支持在深圳开展数字货币研究等创新应用。根据查询国家知识产品专利系统，截至目前，人民银行数字货币研究所申请了设计数字货币的专利共 74 项。根据人民银行副行长范一飞公开报告，人民银行法定数字货币体系将采取二元模式下“双级投放”体系，包括 CBDC 发行、转移、回笼全生命周期闭环过程，现阶段的央行数字货币设计应注重 M_0 替代，并明确不预设技术路线。

三、数字货币：三大发展争论焦点

作为一个新兴的研究和实践领域，数字货币是一个庞大的货币体系分支，目前在理论界和实务界尚未形成一个统一的概念界定。根据现有学者的主流观点，大多倾向于将数字货币分为广义概念和狭义概念。其中，广义的数字货币泛指一切以电子形式存在的货币形态，包括了电子货币、虚拟货币、加密数字货币等；而狭义的数字货币主要为利用数字加密技术承载的纯数字化交易媒介。以下所讨论的数字货币发展争论问题主要侧重于狭义范畴。

（一）数字货币定位的法币与代币之争

根据发行主体划分，狭义的数字货币可细分为法定数字货币（法币）和私人数字货币（代币）。其中，法定数字货币是由货币当局发行的，具有无限法偿性，并保持货币四大基本属性，对 M_0 形成一定替代的法定货币。而私人数字货币是由私人部门发行，不受法律保护，缺乏国家主权信用支撑的交易媒介。业界对法币和代币的定位问题存在一定的市场争议和分歧。一方面，主流观点认为法定数字货币才是代表未来发展趋势的真正货币。盛松成（2016）认为未来真正的数字货币是由央行来主导发行的。刘新华（2019）认为尽管私人数字货币被冠以“货币”之称，但其本质上并非任何债务的表现形式，具有非债务属性，本质上也不是货币。姚前（2017）从货币价值稳定性、交易费用理论、公共经济学等三方面视角审视，认为私人数字货币难以成为真正的货币。区块链“数字货币”机制设计存在货币金融性质的明显缺陷（许金叶，2019），亦缺乏强大的资产支撑（乔海曙，2018），不具备真正货币属性。另一方面，也有观点认为私人数字货币具有存在货币定位合理性和市场空间。Harvey（2015）认为比特币的信用来自于其使用者，尽管缺乏政府和真实商品的支撑，但也不能阻碍其作为货币使用。Luther & Olson（2014）认为比特币会对现实货币形成替代。Lu-ther & White（2014）将比特币的价值归结于市场需求并看好比特币的未来前景，比特币可以有更长远的生命力。

（二）数字货币发行的中心化与去中心化之争

货币发行铸币权已经经历了无中心化、初级中心化、中级中心化、高级中心化等多个阶段（祁红梅，2018）。当前，关于数字货币发行探索实验中存在“中心化”发行模式和“去中心化”发行模式。两种模式在实践过程中尚存在一定争议。支持“中心化”的观点认为，法定数字货币应遵循“中心化”发行管理模式。若“去中心化”，将直接导致货币当局无法把控货币供应节奏，存在逃税、洗钱、恐怖融资等非法金融行为，而“中心化”的法定数字货币则有助于解决代币存在的诸多问题（李炳，2018）。卜又春（2016）支持在“中央银行—商业银行”框架下搭建类中心化架构。央行拟部署发行的数字货币坚持了“中心化”模式，主要采取了双层体系（详见图 1），这主要是基于确保央行在货币投放过程中的中心地位，同时规避出现货币超发问题，确保货币政策稳健发挥。支持“去中心化”的观点认为，“去中心化”数字货币具有市场竞争力和市场存在价值。“去中心化”数字货币获得了许多自由主义者的欢呼，与货币自发秩序理论高度一致，并被寄托了颠覆法定货币的梦想（姚前，2018）。在“去中心化”条件下，数字货币直接在个人和单位账户间进行匿名划转，交易效率更高，数据亦不易篡改。

（三）数字货币功能的替代与共生之争

作为新的货币形态，数字货币与原有货币形态的功能替代性问题尤为引起关注。央行发行的法定数字货币具有货币的基本属性，将形成一种新的货币形态在社会上流通使用。在法定数字货币被接受和使用过程中，不免出现对 M_0、现有第三方支付等货币功能上的替代与共生问题。其一，关于数字货币与现金通货的替代问题。当前，法定数字货币主要倾向于实现对 M_0 的部分替代功能，两者可实现自由兑换，但非完全替代。这主要受制于数字货币对技术信息系统等基础设施的强依赖，当系统出现故障或问题时将会给社会经济平稳运行带来重大负面影响。与此同时，不同地区的社会公众的货币偏好存在一定差异，且人们接受非现金支付的前提恰是银行存款货币、电子货币与现金的 1：1 可兑付性，现金的社会需求或会下降，但不会消失（姚前，2018）。其二，关于数字货币与银行存款的替代问题。当采取二元发行机制时，中央银行仅对 M_0 产生替代关系，不会对商业银行存款储蓄产生替代关系。若采取一元发行机制，两者将形成竞争关系，而中央银行的信用强于商业银行，这将导致央行数字货币对银行存款形成一定替代，也不利于商业银行支持实体经济发展（范一飞，2019）。其三，关于数字货币与第三方支付服务的替代问题。

目前，互联网支付为居民消费、转账等小额支付服务带来良好用户体验。诸如微信支付和支付宝满足了居民在生活、生产方面的“付款－转账－收款”的高并发需求，占领了第三方支付市场的 85% 以上份额。而法定数字货币具备货币基本属性，必将在一定程度上形成对第三方支付的冲击和影响，在创新型支付模式、支付效率、支付场景等方面具有一定比较优势，会形成对现有第三方支付一定替代。从以上三个方面进行总结不难发现，法定数字货币将会在现有的货币体系中形成一种新的补充形态和功能上的部分替代，以实现货币发行流通成本的下降和效率的优化。

四、数字货币：以发展原则引领发展思路

（一）数字货币发展遵循的基本原则

1. 坚持服务实体经济原则

金融的根本目的是服务实体经济，数字货币作为未来数字经济金融活动的微观内核，要坚持服务实体经济的基本原则。数字货币研发的核心命题就在于社会经济效益最大化（姚前，2019）。以比特币、ICO 为代表的私人数字货币为例，过去十年的发展中出现了市场投机、资产泡沫、洗钱、非法集资等诸多市场乱象，导致了资金“脱实向虚”，存在金融风险隐患。因此，数字货币的发展要从服务实体经济为根本出发点，更高效地将数字货币流通到实体企业当中，解决实体经济的资金融通过程中的痛点问题，而不是成为市场投机炒作的工具。

2. 坚持金融发展稳定原则

习近平总书记多次强调，金融活则经济活，金融稳则经济稳。未来

数字货币的发展对当前货币金融体系产生不确定性影响，从而影响社会经济发展秩序。盛松成（2016）认为代币的去中心化、不稳定性和匿名性特征会冲击目前的金融秩序。姚前（2018）基于DSGE模型的实证结果显示，发行央行数字货币对我国银行系统和金融结构的冲击可控。因此，在发展数字货币过程中，需要遵循坚持金融发展稳定原则，按照市场经济规律和金融发展规律循序渐进地推进数字货币的发行、流通、管理，确保整个金融体系的安全与稳定。

3. 坚持不发生系统性风险原则

数字货币的发展需要坚持守住不发生系统性风险原则。其中，法定数字货币主要依托国家信用，由货币当局控制发行，系统性金融风险发生的可能性极低。而私人数字货币因不具备公信力，还缺乏完善的市场定位准则、准入标准和监管规范，其匿名性、跨时空性容易产生、积聚、传染新的重大风险。因此，要通过监管沙箱加强对私人数字货币的参与主体进行数字化监管，保障社会公众的数字货币流通支付安全，对利用私人数字货币进行非法金融活动要坚决取缔，守住金融风险底线。

（二）数字货币发展的基本思路

1. 加大数字货币基础设施建设

数字货币属新型货币形态，其发行、流通、回笼、管理等方面都离不开数字货币相关的法律、制度、系统等方面的基础设施建立和完善。在法律建设方面，加大对法定数字货币进行法理学研究，对涉及《中国人民银行法》的内容进行修订和完善（刘少军，2018）。在制度建设方面，加大数字货币的账户管理、支付结算管理、支付工具管理、反洗钱管理、监督管理等一系列配套制度体系建立。在系统建设方面，加大充分运用大数据、云计算等新技术开展经济金融统计、反洗钱和风险预警系统等监管类系统建设，以适应法定数字货币的发展趋势。

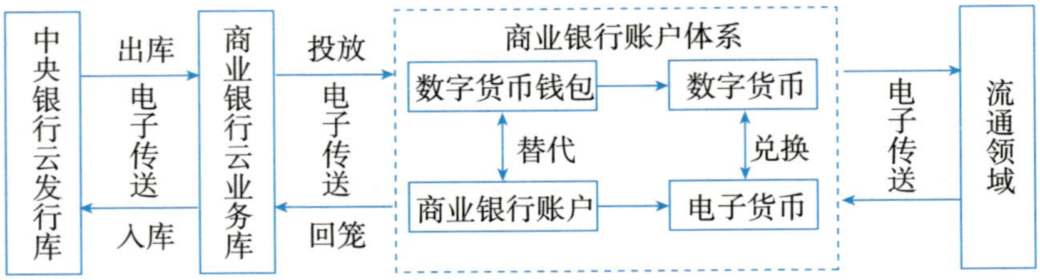

图 1　法定数字货币发行的双层体系流程图

2. 加深数字货币关键技术突破

数字货币高度依赖强大的技术支撑。当前，数字货币的相关技术顶层设计和底层架构还存在诸多不成熟、不适用、不完善的问题，亟须加深对数字货币关键技术的突破和迭代。一方面要攻关数字货币核心基础技术，包括区块链、分布式数据库、数字账本技术、可控匿名、加密算法、芯片技术、量子计算技术等前沿技术研发投入，做好数字货币的技术支撑；另一方面要防范数字货币的技术风险，有效保护用户的隐私，通过监管科技遏制利用区块链技术进行的非法活动，并防范病毒、黑客等攻击，应做好技术突破与风险防范之间的平衡，提升数字货币的安全性和便利性。

3. 加速数字货币应用场景落地

理想的数字货币凭借其自身所具备的公平性、匿名性、可传递性、可追踪性、不可伪造性等诸多优势，必将使法定数字货币创造丰富的商业应用场景和业务模式（姚前，2018）。数字货币具有现金通货、互联网支付等在支付场景中的比较优势，在支付成本控制和效率提升方面成效显著，有利于促进整个支付业务的竞争和创新。在推进数字货币场景应用落地过程中，以用户为中心，以市场需求为导向，借鉴监管沙箱的机制使其能够在银行票据、信用卡、跨境支付结算、在线转账、小额零售业务等应用场景先行先试，简化支付流程，成熟后再进行全国推广，发挥出数字货币的市场竞争优势。

4. 加强数字货币政策影响评估

数字货币有望成为未来货币的重要补充形态，也会对现有的货币体系中的货币发行、货币流通、货币结构、货币乘数、政策传导、审慎调控等方面产生新的问题和不确定性，也可能会给货币政策带来新的风险，需慎重考虑（张伟，2019）。一方面，要积极发挥法定数字货币对货币体系的正向作用。通过数字货币在发行、流通、回笼等过程的可追溯性，解决现有货币政策诸多痛点难点问题，以进一步增强货币政策有效性（姚前，2018）。另一方面，就私人数字货币对现有货币体系政策的影响要加强评估论证和管理。准确把握和控制私人数字货币的使用范围和替代应用场景，提高风险监测和预警，避免其对央行货币政策的实施和传导造成负面影响。

5. 加快数字货币国际地位树立

在未来国际货币体系中，法定数字货币也必将会对全球经济金融一体化产生新的深远影响。我国要加快法定数字货币的发展步伐，提升国际竞争力，以树立在未来国际货币体系中的国际化地位。一是加快推动法定数字货币的发行进度，扩大其在国内外应用范围，以逐步达到国际领先水平；二是要将央行数字货币发展战略与人民币国际化战略协同并进。人民币国际化过程中，形成了多元化的数字货币应用场景，在条件成熟的情形下推动央行数字货币在国际贸易、支付结算、投融资、汇兑等方面的运用，发挥央行数字货币的优势，与人民币国际化双向助推形成合力；三是要注重与国际社会在数字货币领域的交流合作，吸收国外先进经验，特别是在前沿技术、架构设计、打击洗钱等领域的国际合作。

《企业研究》（2019年04期）

四、应对：数字货币带来新挑战

如何厘清数字货币对国家安全的影响机制，已经成为防范重大风险不可忽视的重要内容。

全球性稳定币放大公共风险

穆长春

目前，全球跨境支付特别是个人汇款仍然存在速度慢、收费高、路径复杂等一系列问题，全球仍有 17 亿人无法获得银行和金融服务。为解决上述问题，随着科技创新，加密资产应运而生，但加密资产也面临价格波动大，多被作为投机资产等棘手问题。最近，Facebook 发布了 Libra 白皮书，这种全球范围内应用的稳定币通过币值和资产组合进行挂钩来稳定币值，并推动跨境支付向效率更高、成本更低、更普惠的方向发展，业界称之为全球性稳定币。

全球性稳定币的货币功能分析

我们可以从货币的三个功能即交换媒介、价值贮藏、记账单位（价值尺度），来分析全球性稳定币的发展前景和可能的影响。

作为交换媒介，全球性稳定币最大的优势就是可以依靠社交平台网络推广使用，网络效应是和零售支付、小额支付联系在一起的。平台庞

作者系中国人民银行数字货币研究所所长。

大的用户群体和网络效应可能使得全球性稳定币的起步很快。

但是全球性稳定币作为交换媒介也有劣势。全球性稳定币与法定货币挂钩，如果和一篮子货币挂钩，这就在两个方面增加了交易成本。一是汇率波动，使得任何法定货币与全球性稳定币之间来回互换有交易成本。那么在美国会不会出现以全球性稳定币标价的商品呢？在经济学中有个概念叫 menu cost，就是标价成本。商品要标两套价格体系，全球性稳定币价格每天波动会带来更改成本。当然，以美元标价，用全球性稳定币结算也是一种可能，但全球性稳定币和其他法定货币之间转换仍然有交易成本。所以，在币值比较稳定的强势货币国家，全球性稳定币作为交换媒介的空间不大。

但是上述货币兑换带来的交易成本和摩擦在跨境支付上与原有交易成本比要低很多，而且，全球性稳定币可以利用其全球网络平台进一步降低跨境支付成本。正因为这样，跨境支付或者汇款被认为是全球性稳定币的卖点和突破口。当然，跨境支付的成本问题并不是完全由技术问题导致的，主要是由于监管和制度成本高造成的，包括代理行安排成本、反洗钱、反恐融资、反逃税等监管成本。美联储、财政部在内的美国监管机构和美国参议院银行业委员会在评论全球性稳定币时特别强调反洗钱、反恐融资等问题，一些新兴市场国家还有跨境资本账户管制问题。这些监管成本不会因为支付技术进步就可以消除，所以，新技术与新支付工具的引入并不能从根本上解决这一问题。

假设全球性稳定币在跨境支付上有较大的突破，形成一定的规模效应，那么全球性稳定币能否在一些发展中国家充当交换媒介的角色呢？也就是用于当地的支付。全球性稳定币和一篮子强势货币挂钩，人们对它的信心当然要超过发展中国家的弱势货币。从货币发展的历史看，一般情况下人们在花钱的时候都愿意把币值不稳定的货币先花出去，流通中的货币更多是劣币，也就是所谓的劣币驱逐良币。所以全球性稳定币能否发挥交换媒介的作用是存疑的。

彼之砒霜，汝之蜜糖。在一个方面的劣势，换一个角度可能就是优势。全球性稳定币最有发展潜力的地方，是作为价值贮藏工具。价值贮藏是良币驱逐劣币，币值较稳定的更易成为价值贮藏。全球性稳定币作为价值贮藏工具，可能对一些弱势货币产生挤压。由于本身金融市场和金融基础设施落后，加上本币币值不稳，在一些发展中国家获得流动性高的安全性资产难度较大、交易成本高。依赖其庞大的网络，全球性稳定币能为一般居民提供交易成本较低的流动性资产。

全球性稳定币作为价值贮藏，其基础是和主要的可兑换货币挂钩。全球性稳定币的设计类似姚余栋老师讲过的 eSDR，但 SDR 主要是一个记账单位，仅是作为 IMF 主权会员国的价值贮藏，即便在会员国间有少量交易也只是用来计价，最终还是以篮子组成货币进行结算。而 Libra 等全球性稳定币是由一般居民持有，可用于零售和跨境汇款，和私人部门的经济活动紧密相连，应用场景既有广度又有深度。

按照这个逻辑推演，全球性稳定币可能在某些高通胀或汇率有较大贬值预期的国家受欢迎，对当地居民来讲多了一种安全性资产的选择，但对这些国家的货币体系必然产生冲击，货币替代会降低货币政策的有效性，并出现全球性稳定币化，代替本币。可以想象，全球性稳定币肯定会遭到这些政府或货币当局的抵制，至少不会受到欢迎。

全球性稳定币作为记账单位或者价值尺度的阻力不小，比作为交换媒介和价值贮藏工具的障碍大。因为记账单位一般是政府规定的。比如说，Libra 不像支付宝和微信支付完全挂钩单一货币，它是一篮子货币的衍生品，跟美元等强势货币相比并不透明，很难成为记账单位。在少数国家出现过同一件商品有两个价格、两个计量单位，比如美元是多少，本币是多少，这是极少数本币币值高度不稳情况下发生的。我们可以想象全球性稳定币在少数法定货币币值不稳定的国家发挥记账单位的作用，出现“双货币体系”，但历史经验告诉我们这种双货币体系很难持续。

稳定币给公共政策和监管带来挑战和风险

全球性稳定币给公共政策和监管带来了诸多风险：比如法律不确定性、治理、反洗钱、反恐融资、反大规模杀伤武器等监管，支付系统安全、市场稳健、个人隐私与信息保护、消费者/投资者保护、缴税合规等挑战。由于全球性稳定币的发行者一般为大型科技公司，网络效应将导致更高的市场集中度，削弱金融市场竞争，同时，稳定币的闭环体系可能会抬高市场准入门槛。

稳定币扩展到全球范围将放大其对于公共政策的挑战和风险，也可能产生新的挑战和风险。

1. 全球性稳定币会削弱货币政策传导效率

全球性稳定币对货币政策传导的影响通过作为支付工具、价值贮藏、记账单位等不同职能来实现，并通过加剧跨境资本流动对货币政策产生影响。鉴于难以实现国与国之间公共政策的协调，全球性稳定币对货币替代的影响也与普通外币不同。

如果全球性稳定币广泛用于价值贮藏，居民及企业将持有用稳定币标价的资产，国内货币政策对这部分资产的收益率影响有限，货币政策传导效果将处于弱势。如果全球性稳定币支付利息，那么利率是由篮子货币所决定的，利率则应是篮子货币利率加权平均，这将进一步削弱本国货币政策传导，对本币不在篮子货币中的经济体影响更大。

在弱势货币国家，全球性稳定币将在更大范围内成为支付和价值贮藏工具，即使不支付利息，也将严重影响货币政策传导和铸币税收入。这与美元化还不一样，在全球性稳定币化情况下，无法通过货币当局间的双边磋商来解决，使问题进一步复杂化。

如全球性稳定币和本币能够自由兑换，稳定币利率将影响国内存贷款利率的确定，进一步削弱货币政策传导的有效性。如果持有人在类存款账户中长期存放稳定币，银行端个人零售存款规模缩小，银行对批发性融资的依赖性增强，而相比个人零售存款，批发性融资对利率更加敏感，银行存款来源稳定性下降，引发银行惜贷，长期贷款受影响的程度更大，加剧融资难和融资贵，放大货币政策传导的问题。

如果稳定币进入信贷市场，代替本币发放信贷，将实现稳定币的货币创造，那么利率将以稳定币进行标价，国内货币政策对借贷双方的调控能力下降，则货币政策传导效果将进一步被削弱。

全球性稳定币的使用无疑将便利跨境资本流动，放大国外利率水平对国内利率的影响，削弱本国货币政策传导。如全球性稳定币成为国际贸易和服务的记账单位，国际贸易价格体系将稳定币化，贸易条件将以稳定币与本币的比价来计算，传统双边汇率对经济和贸易的影响下降。

另外，全球性稳定币的使用将提升全球对稳定币篮子货币资产的需求，引发非篮子货币国家资本外流，抬高这些国家的市场利率，而压低篮子货币国家利率水平，造成优质资产荒，影响各国公开市场操作。

2. 全球性稳定币会增加金融稳定的脆弱性

全球性稳定币生态系统存在信用、期限和流动性错配及操作风险，可加剧国内货币金融部门的脆弱性、加剧危机的跨境传导。全球性稳定币很大程度上依赖于运营者的信誉，一旦出现风险事件，做市商能否稳定币值是存疑的。

全球性稳定币本身存在币值不稳的问题。全球性稳定币的抵押资产储备不透明、相关的权利和义务界定并不是很清晰，等值储备安排有点像货币市场基金，或者类存款机构的影子银行，而且盈利要求比较高。如果储备资产未独立托管，在出现持有人无法赎回的情况下，必然会引起挤兑。如果储备由金融机构托管，进入机构资产负债表，金融机构就会在资产方进行资金运用，但目前最安全的政府债券经常是负收益，用主动策略进行资产管理要盈利并不容易。这会增加全球性稳定币储备资产减值风险，导致币值向下波动。

有评论认为全球性稳定币的价格不太可能会随着储备资产的价格变动。当然，全球性稳定币本身是稳定的，也就是今天持有一个稳定币明天应该还是一个稳定币，但换算成其他货币，比如美元，其价格受多种因素影响。全球性稳定币储备资产币种之间的汇率，会随着美元与其他货币之间汇率的变化而变化。同时，还有人们对全球性稳定币的信心和预期，储备资产价值的变化会影响人们的对全球性稳定币的信心，并引起全球性稳定币价格波动。另外，“以一篮子货币作为准备”和“与一篮子货币挂钩管理汇率”，这是两个不同的概念和事实。同样的，以美元作准备发行货币和与美元挂钩确定汇率，也不是一回事。以某一种货币作准备，或以黄金白银作准备发行货币，不仅比值是确定的，货币的发行量也是被准备量规定的，即本国货币的发行量决定于准备货币的准备量；但与某一种货币挂钩确定本国货币汇率，本国货币的发行量与挂钩货币是无关的。全球性稳定币，以一篮子货币作准备，先不论全球性稳定币有没有能力管住自己的发行量，当每一个人或机构以自己所持有的法定货币购买或兑换全球性稳定币时，必然会瞬间改变篮子货币相互间的比重。那么全球性稳定币有什么样的机制确保篮子货币相互间的比重不变？如果不能确保篮子货币相互间的比重不变，那么，随着与不同法定货币的兑换，全球性稳定币的币值就会随时变化。也就是说，全球性稳定币以一篮子货币作准备以确保币值稳定就是一个伪命题。

全球性稳定币可以利用资产规模作为杠杆获得较高存款利息或者低清算费率的好处，同时把全球性稳定币作为入口，用补贴和倾销的方法进行交叉产品销售，快速进入其他金融细分市场。这种商业模式，大型科技公司在各国屡试不爽。如果这个模式成功的话，全球性稳定币在支付市场上能获得广泛应用，有些交易就会用全球性稳定币定价，与之相关的赊销、贸易融资、消费信贷也会使用，从而进入信贷市场，即用全球性稳定币发放贷款。有了信贷，就必然出现派生存款和货币乘数（类似于从 M_0 到 M_1 和 M_2，我们的 DC/EP 限于 M_0 替代，没有乘数问题），只对 M_0 作等值储备，无法满足 100% 的货币兑换保证和币值稳定（香港的货币局制度就是这种情况）。所以，如果不能精细测算并控制货币乘数来确定等值储备量，储备资产不能足额覆盖稳定币发行量，必然导致币值不稳定和挤兑。

而且，全球性稳定币可通过多个渠道增加金融体系的脆弱性。首先，如果持有人在类存款账户中长期存放稳定币，会造成银行个人存款下降，银行对同业等批发市场融资依赖性提高，批发市场融资来源不稳定，成本也较高。在篮子货币国家，小额公众存款流向稳定币发行机构，只能再由这些机构以大额存款形式存回商业银行。其次，稳定币很容易兑换，提高了在压力期间的银行挤兑风险。再次，如果稳定币占据金融交易中介市场的主要份额，会进一步降低银行利润，迫使银行提高风险偏好，导致小银行，尤其是非篮子货币经济体的小银行资产质量下降。最后，由于稳定币储备资产需要高质量流动资产，在一些经济体市场，会出现优质流动性资产荒，从而影响金融稳定。

全球性稳定币说是要促进普惠金融，又强调稳定的优点，目标受众群体也主要在币值波动大的发展中经济体。但是，假如全球性稳定币比这个经济体的本币更稳定，会造成全球性稳定币化（类似于美元化），人们大量用本币兑换全球性稳定币，会造成本币贬值，最终会导致经济处境恶化。所以，对于币值不稳的经济体来说，会引发汇率风险；在一些本币弱势的国家，如出现金融不稳定，居民会大规模兑换全球性稳定币，造成资本外逃。

3. 全球性稳定币的风险还会传导至实体经济

如果全球性稳定币用于支付，一旦出现系统中断，会导致市场金融波动并影响实体经济活动。如果用作价值贮藏，币值下滑将引起持有人财富收缩，同时，银行与相关金融机构如果持有稳定币也会遭受损失，由于没有存款保险保障和最后贷款人机制，在发生挤兑的情况下这些金融机构损失更大。另外，全球性稳定币储备资产规模较大，在极端情况下，如果发行机构为应对赎回请求，不得不甩卖资产，将引起金融市场价格大幅波动，也会导致托管银行出险。在市场承压时，如果稳定币成为法定货币的替代，将冲击国家货币主权。

全球性稳定币的法律和监管框架

目前全球性稳定币尚处早期，设计框架未确定，信息也不充分，无法评估当前法律和监管框架是否适用于全球性稳定币监管。就像一头巨兽，创造这头巨兽的人说不清或者并不想说清这头巨兽到底是什么动物。这样，就必须按照相同业务、相同风险、相同监管的原则对这头巨兽进行拆解。当然也要注意，在这个过程中要在加强金融监管和保护创新之间保持平衡，不能在拆解的过程中把好动物给错杀了，但也不能把猛兽放出去伤人。

比如说，全球性稳定币整体框架可以归类为支付系统，而发行、托管和交易环节又可以归类为存款吸收类机构、ETF（交易型开放式指数基金）和货币市场基金，稳定币本身又可以归类为电子货币。针对系统重要性全球性稳定币监管，有一些业务可以适用国际上已推出的标准。比如说 CPMI-IOSCO 的金融市场基础设施原则（PFMI），FATF 关于虚拟资产的标准、反洗钱等框架、BIS 对银行的加密资产敞口审慎标准、IOSCO 的货币市场基金操作规则、ETF 交易原则、客户资产保护、加密资产交易平台监管、跨市场合作等。

当然，稳定币拓展至全球范围，将进一步放大相关风险，也可能带来新的风险，可能是现有监管框架无法全面覆盖的。对可能存在的监管漏洞，应进行全面评估，以最高标准对稳定币进行监管，并推出新标准。私人部门开发稳定币需遵守国际及不同国家法律法规，满足来自监管、治理结构及风险管理的最高标准要求，明确参与者对稳定币的权利和义务，清晰界定治理结构和投资规则，并充分披露。

全球性稳定币生态系统作为一个整体可成为系统重要性监管对象。各国监管当局应加强全球性稳定币的跨境、跨机构合作监管，按相同的标准推出稳定币监管标准，注意防范监管套利和不公平竞争。同时，考虑到这类数字货币的跨境使用特点，尤其是网络效应产生的赢者通吃问题，要防止出现垄断，这都要求各国央行及国际组织的监管合作。我认为，在法律、监管、风险控制等问题解决之前，不宜推出全球性稳定币。

各国央行应不断完善现有支付体系，完善普惠金融服务，也应在各自法律辖区内对于发行央行数字货币（CBDC）成本和优势进行评估。

对中国来说，如果人民币不可兑换，就会和弱势货币一样，必然受到全球性稳定币的侵蚀。唯一有效的应对，就是尽快让人民币实现可兑换，才能抵御住侵蚀，保持人民币在国际货币篮子中的现有地位的基础上，争取继续提升成为强势货币。

数字货币会影响国家安全吗

陈建奇

■ 近年来基于区块链技术的数字货币迅速发展，构成了当代技术进步催生的金融创新新趋势。如何厘清数字货币对国家安全的影响机制，已经成为防范重大风险不可忽视的重要内容。

当今世界，货币金融体系变革正在对国家安全产生越来越大的影响。美国前国务卿基辛格说，如果你控制了货币，你就控制了世界。英国经济学家凯恩斯也提出，要颠覆现存社会的基础，再没有比搞坏这个社会的货币更微妙且更保险的方式了。这些都凸显货币金融的重要性，它不仅关系一国经济发展，而且影响社会的稳定乃至国家的安全。近年来基于区块链技术的数字货币迅速发展，构成了当代技术进步催生的金融创新新趋势。然而，利用数字货币洗钱、买卖毒品及枪支弹药等行为令人担忧，这些已经逐步构成对国家安全的新挑战。如何厘清数字货币对国家安全的影响机制，已经成为防范重大风险不可忽视的重要内容。

作者系中央党校（国家行政学院）教授。

一、数字货币具有替代传统货币的可能性

比特币等数字货币尚处于起步阶段，未来也面临着不确定性，但数字货币具有纸币所没有的优势，决定了数字货币未来拥有一定的发展机会。从交易及管理成本看，数字货币的优势明显。为满足全球经贸合作深化的需要，货币资本跨境大规模流动将成为常态。但纸币跨境流动会面临清算、运输等问题，数字货币可以较好解决相关问题。数字货币可以游离于传统的银行体系之外，甚至不需要中介机构，基于数字货币的交易成本将显著下降。数字货币内带记账功能，可以存储交易的记录，迅速实现货币所有权的转化，避免繁杂的清算等过程，而且数字货币拥有可追溯的功能，可有效防止第三方恶意大规模转账或者虚假交易等问题。

从防伪角度看，虽然现在包括数字货币在内的货币都没有完全杜绝伪造的问题，但数字货币基于加密等区块链技术，高强度的加密技术客观上增大了伪造的成本，理论上讲如果采取科学的加密手段，现有运算能力是难以伪造数字货币的。然而，相比之下，纸币的伪造并不少见。一方面，社会各界必须采取专业检测设备以检查货币的真伪，普通大众未能处处使用专业设备进行检测，为纸币造假创造了重要的机会；另一方面，伪造纸币的技术手段也在不断升级，水印等仿真技术层出不穷，为纸币造假创造重要的条件，尤其是纸币发行具有连续性，先前防伪能力较低的纸币与当代防伪能力较强的纸币往往同步使用，促使破解先前防伪技术低的纸币并大量发行的可能性较大。因而，数字货币由于具有内在的加密等技术，在防伪方面具有较大的优势。

综合来看，数字货币在发行成本等方面具有一定的优势，为数字货

币取代传统纸币创造了重要的空间。当然，数字货币有官方与非官方之分，目前较多的非官方数字货币不断出现，造成无序竞争的局面，未来竞争可能会进一步白热化。在此情况下，如果世界主要国家推出了法定的数字货币，那么这种数字货币由于有政府的背书，因而具有政府的信用支撑，非官方数字货币与官方数字货币也将面临激烈的竞争。虽然现在说哪种货币更具吸引力还为时过早，但短期来看，由于非官方数字货币缺乏信用支持，客观上与官方数字货币形成互补关系，但未来伴随着全球经贸合作的深化，数字货币的边界将逐步模糊，数字货币背后的信用关系将逐步增强。从这个角度看，官方及非官方数字货币将形成相互促进的特点，而不是简单的你死我活的零和博弈。

二、数字货币影响国家安全的机制

金融监管是保障经济金融安全的重要手段，游离于监管体系之外的行为可能构成对安全体系的冲击。数字货币具有游离于金融监管体系之外的特质。数字货币基于点对点的去中心化的模式，无需借助金融中介机构，通过缩短金融链条而节约成本，但也带来了监管的真空。没有中介机构的依托，监管部门的对象就难以聚焦，微观主体的交易行为也就较难体现在监管部门的监督之下。因为数字货币直接在双方进行交易的同时进行所有权的转换，这种方式避开了第三方对信息的采集，监管部门就缺乏对微观主体行为信息的把握。

数字货币分布式的记账模式客观上形成了交易等信息处理的分散性，加大了监管的难度和复杂性，数字货币在金融体系中期望扮演着货币的职能，数字货币的产生可能同步创造新的金融形态。未来数字货币相关的业务可能涉及网络支付、资产托管、金融交易、数字钱包、供应链金融、保险等广泛领域。其中有些是基于数字货币的全新的金融形态，有些是在传统的金融形态之中引入了数字货币。这些都可能对现有金融监管体系构成挑战，因为现有金融监管并未涵盖数字货币的范畴。金融活动借道数字货币找到了新的投机或者套利的出口，客观上对金融安全构成挑战。数字货币可能为逃避当代金融监管创造了真空地带，未来如果没有在技术上实现监管的突破，那么游离于监管体系之外的数字货币对金融安全的影响可能持续增大。

监管的滞后引发对国家安全的影响问题，理论上世界各国因为数字货币的出现而增大了跨境资本流动新空间，可能促使资本跨境无序流动问题的激化，经济金融安全问题可能受到挑战。没有数字货币之前，大规模的现金进出海关较为困难，各国跨境资本流动必须借助金融机构等中介进行，非常规的资本跨境流动可能受到监控和阻止，跨境资本大规模流动问题可以通过资本管制等渠道得到缓解。然而，数字货币出现之后，跨境资本流动有了新的通道，一国货币可以通过购买数字货币而后转入其他国家，数字货币类似普通的商品，数字货币游离于监管之外，民众容易通过买卖数字货币等方式来实现资本的跨境转移。大规模非理性的借助数字货币进行资本转移，就可能引发金融安全问题。

数字货币也是一种资产，现在有些民众通过购买数字货币实现资本保值增值。比较流行的是当前出现了虚拟货币首次公开发行（ICO，Initial Coin Offerings），即区块链技术公司的众筹集资。参与 ICO 的投资者购买基于区块链技术发行的虚拟货币，以期未来这些数字货币升值。ICO 投资者获得的数字货币代表着对该区块链公司未来的服务和产品的使用权，但对这个公司没有所有权，没有投票权、表决权，不是该公司的股东。他们投资是基于对该公司的一种期许和信念，希望该公司的产品能够落地，数字货币能够获得丰厚回报。但如果公司产品没有按照预期开发出来，那么相关投资就可能出现亏损乃至损失殆尽的情况。当前监管部门还很难对ICO进行全面监管。如果社会大规模资本转入投资ICO，可能由此引发自身投资风险或者大规模资本外流，最终可能导致国家安全问题。

三、数字货币影响国家安全的潜在表现

数字货币属于货币范畴，对国家安全的直接影响主要在金融层面。但数字货币可以用于支付投资，特别是可以购买各种各样的商品，为各种重要的活动提供货币支付，拓展了其对国家安全的影响范畴。理论上说，各种能够影响国家安全的可用货币进行交易的活动，都可能成为数字货币影响国家安全的间接渠道。从这个角度看，数字货币由于其特殊的货币职能，对国家安全的影响具有重要的溢出影响。数字货币目前已经有组织用于支付毒品、购买枪支弹药等活动，表明数字货币对国家安全的影响已经拓展到非法交易等范畴。

首先，数字货币可能为构建毒品等非法交易的闭环创造重要的条件。毒品等非法交易的核心环节就是货币支付，这些通常通过现金交易以躲避监管，但巨额现金增大携带及交易成本。数字货币的出现，解决了非法交易的资金问题，去中心化的数字货币具有点对点的优势，不需通过金融中介进行清算。毒品等线下交易与线上支付可以同步进行，形成了非法交易的闭环。目前，通过数字货币进行洗钱已经成为可能，借助数字货币进行非法交易的现象也不少见。当前数字货币才刚刚起步，未来如果逐步发展并演变为民众普遍认可的货币，那么数

字货币用于非法交易的问题可能升级甚至激化；如果非法交易出现了大规模上升的现象，那么国家安全乃至全球安全形势就不容乐观。

其次，恐怖组织等机构创建数字货币非主权金融体系，为恐怖组织等影响国家安全的活动提供金融支持。恐怖组织等机构开展危及国家安全的各种活动，需要仰仗金融的保障和支持，通过构建数字货币非主权金融体系，可以实现三种目标。一是创建恐怖组织内部的虚拟金融社区，避免外部社会通过金融交易等活动掌握其动向，可以增加恐怖组织等机构的隐蔽性。二是创建游离于全球金融监管体系之外的金融体系，为开展跨境非法行为提供金融便利。三是构建内部的金融运行体系，然后扰乱某个国家的金融体系，由此实现既影响他国经济金融运行，也实现保障自身运转的目标。在上述三方面的综合作用下，恐怖组织等影响国家安全的行为将更难把握，客观上构成国家安全的较大不确定性。

再次，基于非官方数字货币的商业体系的打造，影响国家货币主权等经济金融安全。当非官方数字货币具有储备职能与支付职能之后，由于数字货币的结算或者清算不需要中介机构的协助，因而非官方数字货币就逐步成为标准的货币。在此背景下，非官方数字货币在商品买卖、跨境经贸合作及金融借贷等行为中就可以独立运行，社会就可能形成基于非官方数字货币的商业体系。如果非数字货币的运用规模及范围不断拓展，那么主权信用货币体系的运行空间将受到挤压。在极端情形下，伴随着非官方数字货币的不断发展，国际货币体系可能面临着较大挑战，主权信用货币体系可能出现重大调整，各国的货币主权可能遭受巨大冲击，金融安全乃至经济安全的问题就显得尤其突出。

《学习时报》（2019 年 04 月 05 日　A2 版）

非法定数字货币的界定与监管

熊　俊

随着现代科技的发展，以智能卡、移动支付、数字现金为代表的新型支付工具层出不穷，它们改变了传统支付方式的面貌，极大地便利了人们的经济生活。近年来，数字货币作为新型支付方式的组成部分得到了较快发展，世界各国纷纷加紧了对于数字货币的研究与实践：英国和荷兰央行相继发布了有关数字货币的白皮书，日本国会已批准有关加密电子货币的新法案，加拿大央行正着手推出电子版加元，美联储在新的货币发行系统中计划增加对数字货币的考量。2016 年 1 月 20 日，中国人民银行召开数字货币研讨会，宣布正在研发并争取早日推出数字人民币。

实际上，“币”的称谓并不仅限于货币当局所发行的数字货币，在法定数字货币尚处于探索之际，以比特币、Q 币、克拉币为代表的各种数字形态的“币”已经纷纷走进现实生活，在此我们姑且将上述各类“币”统称为“非法定数字货币”。目前围绕非法定数字货币的定性争议不断，现实的热炒掩盖了真实的内涵，隐藏了某些固有的风险，甚至埋下了危

作者时任中国人民银行货币金银局副局长。

机的隐患。本质上，非法定数字货币并不是货币，它与货币之间存在着显著的差异。

非法定数字货币是一个相对的概念

根据经典的定义，法定数字货币应该是“国家依法发行的、具备所有货币属性的虚拟价值符号”。凡与上述定义不符的所谓“币”，都属于非法定数字货币，它们之所以不是真正意义上的货币，除了缺少央行的背书，还存在以下几方面的缺陷。

首先，以比特币为代表的虚拟货币不属于货币。虚拟货币价格始终处于剧烈波动中，这一特点使其不具备价值尺度职能。虚拟货币具有总量固定的特点，容易导致投机性囤积，进而丧失流通手段职能。此外，虚拟货币具有匿名性，潜存信用风险，限制其支付手段职能。可见，虚拟货币的货币属性缺失。

其次，以克拉币为代表的以“币”为名义从事诈骗、传销、集资等违法活动的工具不属于货币。该类“币”大多承诺未来有较高回报，其价格只涨不跌，不宜充当价值尺度职能。在传销等违法活动中，此类“币”的持有人都是某些组织的内部人员，持有人不能向组织外部人员转移该“币”，所以该类“币”不具备流通手段职能。可见，此类非法定数字货币的货币属性并不存在。

最后，纯粹在网络中封闭流通、只可由法币购买却不能兑换回法币的“币”，比如Q币、林登币等不属于货币。现实经济社会的商品既包括虚拟商品也包括实物商品，而此类“币”只能用于虚拟商品的交易，因此其并不能执行货币属性与相关职能。

非法定数字货币与法定数字货币的主要区别

信用货币是当前货币的主流形式，通过信用货币的视角可以对法定与非法定数字货币进行准确区分。是否构成信用货币需要考察三个关键要素：发行主体与目的；担保依据；流通范围与对象。

一是发行方面存在区别。法定数字货币的作用主要是替代实物现金，央行在设计数字货币时，会基于货币政策调控、货币的供给和创造机制、货币政策传导渠道进行综合考虑，发行渠道与现有的实物货币类似，实施同样的管理原则，法定数字货币参与商品流通与定价的特征比较明显，并不是去中心化的发行设计。目前非法定数字货币都是由私人部门发行的，大部分非法定数字货币的目的不是为了便利商品流通或降低交易成本，与商品流通没有必然关系，非法定数字货币发行通常依靠一定的交易平台，以发展会员为渠道进行交易，并且多采用去中心化的发行设计。

二是使用方面存在区别。法定数字货币的发行、流通和交易，都遵循与传统货币一体化的思路。通常情况下，法定数字货币的使用者是不特定的多数人。以人民币为例，它既可以在中国国内流通，也可以在那些对人民币已经具备信任基础的国家或地区使用。而非法定数字货币的使用者则是特定的人群：相当种类的非法定数字货币数量有限，如比特币被技术限定为只有 2100 万个；持有非法定数字货币群体相对固定，根据 Coindesk 近期对世界各国 4000 名比特币持有者的调查，发现比特币持有者 91.8% 为男性、72.5% 为白种人、65.8% 为技术人员；非法定数字货币的持有者大多数以投资为目的。

三是担保方面存在区别。纸币发行初期，都与贵金属保持着一定的比例关系，后来发展到以本国信用担保发行。无论是与贵金属挂钩还是以国家信用担保，法定货币的价值通常比较稳定。只要国家这一社会组织形态不发生根本性变化，以国家信用为基础的货币体系就将始终具备法偿能力。与此相反，非法定数字货币既没有国家信用作担保，也不与任何贵金属挂钩，缺乏“货币锚”，并且没有兑换兜底机制，持有人极易遭受无可挽回的损失。

非法定数字货币存在的问题与风险

各类非法定数字货币都不同程度地存在着价格波动频繁、缺乏透明度、监管程度低等缺陷，具有较高的投机风险、信任风险，极易被不法分子或组织用于从事违法活动。此外，非法定数字货币的无序流通还有可能对国家货币政策实施造成潜在风险。

一是投机风险。非法定数字货币交易市场实行 24 小时连续开放，没有涨跌限制，价格容易被投机者操纵，产生剧烈波动，风险极大。普通投资者盲目跟风容易遭受重大损失。同时，由于其相关交易市场处于自发状态，可能存在交易对手方风险、资金安全风险和清算结算环节的风险等，投资者合法权益难以得到有效保障。

二是法律风险。目前，国际上已经出现了利用非法定数字货币进行洗钱、贩毒、枪支交易等犯罪活动。同时，各种非法定数字货币交易网站的资质参差不齐，一些网站没有经过合法注册，涉嫌非法经营；一些网站安全防范和抗风险能力差，容易发生黑客攻击或网站经营者卷款潜逃等事件。

三是制度风险。目前尚未有专门的法律制度来明确非法定数字货币交易参与各方的权利和义务关系，由于去中心化的非法定数字货币具有交易不可逆的特点，当发生诈骗、盗窃、造假等事件时，难以确定各方责任，参与者权益得不到保障。

四是金融稳定风险。目前，非法定数字货币的市场价值和交易量均较小，并不能对金融稳定造成系统性威胁。但随着使用范围和规模不断扩大，非法定数字货币与传统金融体系、各种非法定数字货币彼此之间的关联越来越强，单个非法定数字货币体系风险可能演变成系统性金融风险，对金融稳定形成冲击。

五是货币政策风险。非法定数字货币无序发展及其风险，将有可能扰乱银行体系承担的储蓄和支付功能，货币政策传导机制将受影响，进而削弱货币政策的有效性有。

对非法定数字货币的监管措施

完善针对非法定数字货币的监管立法，不仅是维护市场经济秩序和保护消费者权益的迫切需求，也是确保法定数字货币顺利推出和运行的重要条件。应尽快着手专门立法，明确非法定数字货币的法律适用性问题，同时研究完善相关监管框架体系，明确非法定数字货币监管的主体和责任。

要针对不同类别的非法定数字货币采取差别监管。首先，对于以“币”为名义的诈骗、传销和集资等违法活动，应由公安等部门依据相关法律予以严厉打击。其次，对于以比特币为代表的虚拟货币，应密切关注其交易风险，各金融机构和支付机构不得以虚拟货币为产品或服务定价；不得买卖或作为中央对手买卖虚拟货币，不得承保与虚拟货币相关的保险业务或将虚拟货币纳入保险责任范围，不得直接或间接为客户提供其他与虚拟货币相关的任何金融服务。最后，对于纯粹在网络中封闭流通或可由法币购买却不能兑换回法币的各种所谓的“币”，应保持持续监控，防止其脱离虚拟环境流入实体经济，进而导致金融风险。总之，要充分借鉴具有实用价值的非法定数字货币的技术，积极探索央行数字货币的各项机制，加速推出央行发行的数字货币。

《中国金融》（2016 年 17 期）

Libra的艰难征程与中国应对

王靖一　黄益平

■ 对Libra，我们认为短期内中国官方与业界不必过于紧张。但数字货币是一项长期性的竞争，必须未雨绸缪、主动应对。

近日，全球领先的社交网站Facebook宣布将发布基于区块链的数字货币Libra。由于Facebook庞大的用户基数、强大的跨国影响力、热衷渲染的使命感以及算不上光彩的隐私保护历史，加之数字货币这一广受关注与争议的数字金融重点话题，一时间掀起众多争论。

从理论上说，一旦Libra的设想成功转化为现实，最显而易见的冲击对象是跨境支付，它也有可能逐步替代一些相对脆弱的主权货币，剥夺部分央行货币政策的独立性，甚至重构国际货币与国际金融体系。但Libra确实也还有很多问题需要回答，比如，它究竟是否可信？从白皮书到数字货币还需要迈过什么样的坎？更为重要的是，中国应当如何应对这一新鲜事物？我们尝试对这些问题提供一些初步的思考。

作者单位为北京大学数字金融研究中心，黄益平系主任。

Libra 的信任并非来自区块链，而是 Facebook 自身

从本质上讲，区块链是一种数据结构，区块链本身只保证数据块之间的自相验证，而对于多方信任、去中心化等问题，这种数据结构本身并不能解决，也并不做要求。实际上，如果一家公司认为必要，完全可以将自己私有的数据库打造成区块链的样式。

而当我们讲到区块链的去中心化、去信任化等“重构”金融的时候，实际上指的是中本聪在比特币白皮书中提出的一整套方案，虽然他并没有用 blockchain 这个词。而中本聪设计比特币的原始动机，并非是要创造一种货币，而是旨在解决分布式计算中的一个经典信任问题——拜占庭将军问题。中本聪通过引入参与节点随机获得记录权，诚实记录的节点获得奖励即比特币的机制使得网络崩坏的阈值从三分之一提升到二分之一，从而使得无信任交易成为可能。

比特币为了追求绝对的去信任化，做了两项日后广受诟病的设定：一是算法保证约每 10 分钟产生一个区块，这个只有 1MB 的区块记录着这 10 分钟内所有的比特币交易；二是每次交易需要获得 5 个区块的确认，大概等待 50 分钟，这样就可以防止比特币被重复使用。

这是比特币的精妙所在。每个区块只有 1MB，一方面，每年的全部交易数据加总起来只有不到 53GB，这样每个愿意的人都可以在个人电脑上下载、监督完整的比特币交易历史；另一方面，10 分钟的间隔与 1MB 的数据量，使得比特币对于参与者的网络带宽门槛很低。可以说，这两项设计确保这是一个真正的人人可以监督的去中心化的网络。

之后的第二代主链、第三代主链均未对比特币的这一设计作出突破

性发展，它们对于效率的追求更多的是权衡，即当一个系统愈发高效时，它对核心参与者的门槛要求也就越高，能够监督系统的人也就越少，同时利益也变得愈发一致，这样对系统发起人的信任也就变得更加重要，当对于效率的追求进化到极限时，信任机制也就无限趋近于中心化数据库。

而 Libra 的“进化”则达到了另一种极致：“退化”。在它的白皮书中，介绍其区块链的共识机制是拜占庭容错（BFT），这正是比特币出现之前的通行机制。Libra 准备构建的其实是一个完全基于身份信任的分布式网络，其计划邀请组成联盟的 100 家机构作为这个分布式网络的合规人（validators），他们拥有权限去记录、监督所有 Libra 的交易。当三分之一或者更多的机构因为主观恶意或者技术故障变得不可信之后，这个网络就无法继续运行。可以说，这个去信任化其实是有限的。

当然，我们不能因为 Libra 没有采用类似于比特币的机制就否定它的安全性。事实上，区块链及其共识机制配合形成了一种微妙的平衡：最初的发起者通过自身信誉与资产质押构成稳定币来完成 Libra 的最初信任与价值注入；之后 Facebook 利用其影响力与公信力引入更多的参与者，并将包括自己的所有参与者的决定权等额化，使得没有任何一个参与者可以独立地改变 Libra 的游戏规则；最后利用区块链的不可篡改与自动化合约完成货币的发行、交易的记录、价值的流转。

做一个不甚严肃的类比，Facebook 相当于发行 Libra 的央行，资产储备是对币值的背书，其他参与者与共识机制相当于各个监管机构，而区块链的技术特点则完成了商业银行支付中介的功能。这个游戏规则的可行性建立在 Libra 的持有人对 Facebook 和其他参与者的基本信任上：不会有超过三分之一的参与者希望 Libra 崩盘或者针对自己报以恶意。

但区块链技术也不能完全解决 Facebook 的信任问题，Facebook 根据什么规则决定 Libra 的发行量？虽然储备资产可以保证 Libra 币值的相对稳定，而且一般的理解是交易需求决定 Libra 供给，但白皮书并没有说明如何防止 Facebook 超发 Libra，毕竟铸币税是所有央行都不愿意放弃的特权。还有，在这个所谓的去中心化、去信任化的 Libra 系统中，Facebook 肩负更大的责任，同时也享有更多的权力，但谁来监督 Facebook 呢？

或许最后 Libra 会形成一种更为高效、节能的信任模式，但至少那些比特币走红之后为人津津乐道的区块链的优点，Libra 大多没有。

作为一种货币，Libra 很难让各国监管者安然入眠

即使这些技术细节不会最终造成问题，人们对这种模式依然抱有足以支撑其成为货币的信任，但作为一种货币，Libra 依然将面对无数的监管障碍。

从监管的角度看技术，Libra 的设计存在三个尚未解决的矛盾。一是去中心化与问责之间的矛盾。假如 Libra 真的是一个完全去中心化的体系，那么一旦出现问题，谁承担责任？

二是监管与隐私保护之间的矛盾。如果对 Libra 进行监管，就需要一个信息集散地，既然参与者都是 Facebook 的用户，公众对于 Facebook 保护个人隐私的能力与意愿是否有足够的信任？

三是高效与金融稳定之间的矛盾。Libra 白皮书强调通过快捷、低成本的服务实现普惠性，但这会不会突破各国监管部门为了防范金融风险所制定的许多宏观、微观审慎措施？

监管部门肯定还有很多具体的担忧。比如，Libra 会不会推动地下经

济的极大活跃？其汇率水平能否保持相对稳定？它会不会动摇各国主权货币的地位？一旦 Libra 形成信用创造机制，各国央行调控流动性的能力是否会被阉割？各国政府如何对 Libra 交易征税？ Libra 有没有可能取代美元等主权国际货币？一旦 Libra 国际支付令资本项目管制形同虚设，会不会在全球引发此起彼伏的金融危机？在对这些问题得到满意的答案之前，各国监管部门不太可能坐视 Libra 自行其是。

在 Libra 白皮书中，关于 Libra 的汇率与兑换方式，同时强调了三点。首先，Libra 基于真实资产，并且将减少价值波动作为资产选择的目的；其次，持有 Libra 的人将获得高度保证，他们能够根据汇率将数字货币换成当地货币，但是其价值会有小幅波动；最后，白皮书通篇强调普惠，即降低金融服务费用。

可以说，国际支付的便利性是 Libra 最重要的价值，但这恰恰也是最令各国监管部门睡不着觉的地方。Facebook 声称 Libra 是一个基于去中心化、匿名的账户系统，如果监管部门无法接入这个系统来监测、调控 Libra 的交易活动，显然监管部门是不同意的。中国监管部门禁止境内比特币等数字货币的交易平台，应该主要是基于三个方面的考虑：一是虚拟货币交易可能助长地下经济活动包括腐败行为；二是可能帮助规避对跨境资本流动的管制，加剧资本的大进大出；三是形成新的投机行为。对于 Libra，绝大部分国家的监管部门对于前面两个问题的担忧应该是同样存在的。当然，不同的国家的担忧程度可能不一样，监管态度也会有差异。这一点可以从各国对比特币的政策立场反映出来。

如何在 Libra 的交易中避免套利是一个重要的挑战。苹果 App Store 等全球经营的虚拟产品商店，时常面临的困境之一便是，当某国货币突发性贬值时，该国商店往往成为跨国套利的对象。虽然相较于这些应用商店，数字货币可以更灵活地调整汇率，但一方面当某国货币出现贬值时，当地居民可能会更加青睐 Libra，从而造成漩涡效应；另一方面因为 Libra 的货币属性有更大的套利所得，跨多币种的套利路径可能被人蓄意寻找执行，加之一般情形下有效的较高汇兑手续费与其承诺的普惠金融属性相悖，Libra 很难避免重蹈其前辈 Facebook payments 的覆辙。与汇率波动性高度相关的一个问题是，这种套利行为是否会造成各国跨境资本流动管理措施在瞬息之间失效，从而造成资本的大进大出。这样的冲击，在市场机制和监管框架相对成熟的经济体，可能意味着经济与金融的不稳定。而在一些发展中国家，这也许就意味着新的金融危机。

在分析 Libra 的作用的时候，信用创造功能是一个无法回避的问题。虽然 Libra 最初发行时有 1∶1 的资产作为背书，但是其技术框架并没有否定信用中介的存在。对于谁可以成为 Libra 的信用中介，信用中介将受到怎样的监管，发行者们并没有提供明确的方案。涉及投资与借贷等更高级的金融需求方面的一个问题是，如果 Libra 完全没有利息收入，谁会愿意长期持有？还有，目前 Libra 白皮书公布的首批参与者覆盖了支付业、技术和交易平台、电信业、区块链业、风险投资业、非营利组织、多边组织和学术机构，其中并没有商业银行或银行业监管者。技术只能保证交易被精准地记录，对于这之外的事情，Libra 并没有稳妥的解决办法。

Facebook 之所以青睐数字货币，很重要的一个原因就是其平台内部具备足够丰富的场景，社交、用户生成内容等伴随的付费天然地需要一种跨国货币来进行支付清算。如果 Libra 支付真具有普惠性，那么支付业务本身可能并不能产生足够的利润来支持整个系统的运行，盈利需要依赖衍生出来的交易活动，也就是所谓的生态系统。看今天中国的支付平台，单纯从支付业务获得盈利的非常少。但这又带出来一些新问题，这些非传统的生产、交易行为是否应当纳税，谁来收税，纳税的标准是什么，相伴而生的是一连串涉及法律、政治的复杂问题，同时国家、地区间的政策不一，也会诱使政策套利与资产转移，Libra 则成为这种转移最佳的润滑剂，这使得 Facebook 进一步成为部分国家眼中的不速之客。

最后，如果 Libra 成功落地，将会直接挑战现代金融体系的核心构架，包括货币发行权、货币政策独立性与国际货币体系。可以想象的是，一些金融体系比较脆弱的国家的主权货币，会很容易地被 Libra 取代，因为居民持有不稳定性高又持续贬值的本国货币的意愿本来就不高。即便主权货币没有被取代，只要 Libra 能够自由兑换，央行即刻就会丧失货币政策的独立性。Libra 对美元的影响不太好判断。一方面，如果 Libra 被广泛接受，就会直接冲击美元主要国际货币的地位，美国不少政客已经对这种可能性表示了担心；另一方面，Libra 并非典型的“超主权”货币，它更像是锚住一篮子主权货币的“跨主权”货币，在这个篮子里，美元与美元资产的比重应该会比较高。因此如果 Libra 成功，其实也可以部分地增强美元的国际地位。但 Libra 对人民币国际化肯定会带来不利的影响，因为它所锚定的一篮子货币并不包括人民币。如果短期以支付为目标功能的 Libra 形成了信用创造功能，各国央行甚至有可能会丧失影响全球流动性的能力。

乐观地看，Libra 提供了一个金融体系世界大同的机会。问题是，世界是否已经准备好迎接哈耶克所设想的“私人部门而非主权政府发行货币”的时代？资本项目管制与货币政策独立性的减弱会提高还是降低福利？对这些问题的判断将会决定监管对 Libra 的态度。当然，一种可能的情形是，Libra 在部分国家发挥部分功能。即便如此，它所可能带来的影响，依然值得高度关注。

中国不必急于发行国际数字货币，但一定要从长计议、积极应对

从短期看，Libra 并不一定能够成功，但它所代表的数字货币的浪潮已经扑面而来，中国政府应该认真应对。过去的近十年，中国的数字金融走在了世界的前列，这些业务大多具有三个方面的共同特征。一是普惠性很强，改善了对数千万、数亿客户的金融服务。二是以商业模式创新为主，真正原创性的技术突破很少。三是业务基本上都在国内市场。国内、国外两个市场分隔的局面，有可能使我们缺席数字金融的国际竞争。

短期内 Libra 最可能对中国造成的直接冲击表现在两个方面，一是国际支付，二是国际货币。就目前来看，中国无缘 Libra 风波一线或许是一件好事，但是如果完全置身事外那一定会在将来成为一件坏事。中国的移动支付如微信支付与支付宝已经开始走出国门，未来如果将各国的电子钱包连接起来，就有可能形成一个与 SWIFT 并行的国际支付网络。但如果 Facebook 利用 20 多亿用户成功建立一个新的国际支付体系，连接各国电子钱包的前景就变得十分暗淡了。对人民币国际化的影响也是一样，无论 Libra 助力美元进一步提升国际地位还是把自己变成新的国际货币，都有可能挤压人民币国际功能的空间。

自 Libra 白皮书发布以来，一种甚嚣尘上的观点是，中国政府应直接或者支持中国企业发行跨国数字货币予以抗衡。这种主张其实不是很妥当。以国家的名义发行一种跨国数字加密货币，技术是不是已经成熟、有没有充分的国际交易场景，这些都是问题。在企业层面，中国企业基本上都缺乏广大的国际市场与丰富的应用场景，强行鼓励它们发行国际

数字货币，未免有些揠苗助长，说不定还弄巧成拙，增加金融风险。

世界历史告诉我们，国家间的竞争最关键的决定因素是金融能力，而未来金融能力的较量，很可能就发生在数字金融领域。我们认为，对Libra，政府应该将其放在数字金融长期发展的背景下，并结合金融科技发展规划来考量，在这个过程中尽量避免两种情形：一是尚未参与，比赛已经结束；二是盲目加入比赛，遍体鳞伤地离开。应对当前的Libra，可以先从以下三个方面入手。

第一，尽快打破国内外数字金融行业分割的局面，真正构建全面开放的新格局。互联网体系的长期隔离，已经明显影响到国内的科研与技术进步，影响中国与国际经济体系的融合。而国内外数字金融行业分割会造成中国的数字金融企业无法进行国际市场布局，甚至让我们在国际数字金融竞争中不战而败。

第二，在监管"沙盒"的框架下有条件地尝试发行锚定人民币的稳定币，助力人民币国际化进程。数字货币的尝试，可以央行的主权数字货币和民间的数字稳定币双管齐下，同时线上、线下"两条腿"走路，推进人民币国际化，特别是利用"一带一路"的场景。与此同时，监管部门可以考虑在保持风险可控的前提下，开放一些创新试点。

第三，未雨绸缪，主动考虑一些应对数字货币冲击的策略。我们认为，未来出现数字货币只是一个时间问题。因此我们可以尽早设计一套应对机制，减少未来的可能冲击。首先，对数字货币交易平台的开放一定要量力而行，不宜操之过急；其次，稳健地推进资本项目包括资本市场开放，同时尽快走向汇率的清洁浮动，帮助增强中国经济抵御资本进出和汇率起伏的能力；最后，制定一些新的审慎监管措施，增加风险缓释机制。金融监管必须做到全覆盖，包括对数字货币。另外，假如监测数字货币交易有困难，监管部门就应该利用监管科技实时监测微观、宏观层面的资产负债表的变化，灵活采取政策措施，有效预防并处置金融风险。

《中国金融》（2019 年 15 期）

数字稳定币诱发国际货币竞争新格局

刘东民　宋　爽

私人数字货币自诞生以来迅速成为全球金融创新中倍受瞩目的领域之一。长期以来，由于缺乏价值描，价格的剧烈波动使私人数字货币很难得到广泛认可和使用。2014 年，数字稳定币 USDT 问世，它可以 1∶1 兑换美元，从而使其自身拥有了稳定的价值。此后，数字稳定币在市场上迅速推广，至今国外已有数十家金融机构和互联网企业效仿推出自己的稳定币。以法币背书的稳定币不仅强化了数字货币的生命力，也间接赋予了传统法币“数字化”的功能。率先被间接“数字化”的法币将有可能在国际货币竞争中赢得先机。

一、数字稳定币的兴起及其稳定机制

数字稳定币最早出现于 2014 年 7 月，即由全球最大的加密货币交易平台之一——Bitfinex 组建的 Tether 公司发行的泰达币（USDT）。此后，各种稳定币陆续问世，如：TrustToken 公司开发的 TUSD，IBM

作者单位：中国社会科学院世界经济与政治研究所。

和美国金融服务公司 Stronghold 合作推出的 Stronghold USO，日本三菱 UFJ 金融集团推出挂钩日元的 MUFG Coin，等等。不过，近两年在数字货币市场最受关注的事件还是来自美国官方机构批准和大型金融机构推出的数字美元稳定币。2018 年 9 月，纽约金融服务局（NYDFS）同时批准了两种基于以太坊 ERC20 发行的数字美元稳定币，分别是由 Gemini 公司发行的 Gemini Dollar 与 Paxos 公司发行的 Paxos Standard。这两家私人企业需要按照 1∶1 的兑换价往托管银行账户存入美元，同时还需要满足纽约州的反洗钱等监管标准，并履行化解风险的流程。这一举动表明美国官方已经对数字美元稳定币持认可态度并将其纳入监管体系，从而显著提升了市场对于数字美元稳定币的信心。2019 年 2 月，美国金融巨头摩根大通宣布已经完成开发并测试数字货币 JPM Coin。JPM Coin 同样承诺与美元 1∶1 兑换，虽然现阶段仅用于实现机构客户之间的即时转账结算，但是不排除未来向个人用户提供服务。可以看出，数字美元稳定币正在从私人主导走向官方支持，从小机构发行走向大机构应用。

目前市场上稳定币的机制大致可分为两类，即：基于抵押担保的稳定机制和基于算法的稳定机制。

根据抵押物不同，基于抵押担保的稳定机制又可进一步细分为以美元、黄金作为抵押和以数字资产作为抵押。前者以 USDT 和 TUSD 为代表，是当前主流的稳定币机制。以 USDT 为例，其由运营商 Tether 公司按照与美元 1∶1 抵押发行，用户每购买一枚 USDT 代币，Tether 公司的账户上将增加 1 美元的资金储备，而当用户需要换回美元时，相对应的代币会自动销毁，同时收取用户 5% 的手续费。由于每一枚 USDT 代币背后都有 1 美元资金做背书，所以其价格是稳定的。后者以

MakcrDao 开发的 DAI 为代表，目前在市场上也占有一定份额。在该机制下，用户通过交换数字货币以太坊来创建 DAI，从而将以太坊锁定在 Maker 系统中。当用户返还 DAI 时，CDP 智能合约会返还当初抵押数量的以太坊，并收取一定的费用。由于其抵押物是价格波动较大的数字资产，因此采用超额抵押的方式发行。DAI 采用自动清算流程防止以太坊价格下跌，即当抵押物低于清算值（150%）时会被自动打折出售以回购 DAI。自 2017 年 12 月上线以来，DAI 的价格基本保持在 1 美元。

基于算法的稳定机制目前尚未有成功案例，曾经备受瞩目的 Basis 项目也因监管阻力而放弃发行。在这种机制下，稳定币无须与任何抵押物挂钩，而是由算法来控制流通权利，决定发行和销毁货币的数量及时间，使其价值尽可能地贴近挂钩资产的价值。根据 Basis 的构想，将涉及三类代币：锚定美元的 Basis 本币、稳定价格的债券 Bond tokens 以及可以获得分红的股权币 Share tokens。当 Basis 本币价格高于 1 美元时，系统将给股权币持有者增发 Basis 本币以降低价格，当 Basis 货币价格低于 1 美元时，系统将发行 Bond tokens，购买者可以折扣价回购 Basis 本币，从而提高价格。不过这种缺乏资产担保、仅靠算法与用户信任来维持币值的机制目前还很难获得广泛认可，监管机构也将其界定为“债券股票类代币”，应用十分受限。

总体来看，虽然数字稳定币的稳定机制仍在持续创新中，但是以法币为抵押的机制自诞生以来就占据压倒性优势。相比于以数字资产为抵押和基于算法的机制，采用以政府信用背书的法币作为抵押物显然是更容易被理解、被信任的稳定机制。短期来看，法币的担保促进了数字货币的应用和流行，长期而言，数字稳定币的推广应用将影响到其背后法币的国际竞争力。

二、数字稳定币对国际货币竞争格局的影响

与数字稳定币挂钩的法币被间接赋予了“数字货币”的功能，从而在成本、效率、监管等方面逐步显现出优势。在经济数字化与金融全球化的大趋势下，数字货币的出现将增强政府对经济的监测与调控能力，降低货币发行与交易成本，提升部分金融交易的效率，有利于打击逃税和洗钱。特别是在跨境交易方面，数字货币的优势十分显著。根据世界银行的研究，数字货币把传统货币的跨境传输时间从 3-5 天降低到 1 天之内，跨境交易成本也将大幅下降，且交易可以完全脱离商业银行来进行，这给居民、企业和金融机构带来了货币的跨境使用便利。对于美国而言，如果未来数字美元稳定币和法定数字美元配合发行，将显著地促进美元的全球使用，并在一定程度上提升美联储监测与调控货币供应量、强化货币政策效力和监控跨境美元流动的能力，从而巩固甚至增强美元作为国际中心货币的地位。

法币担保将促进其所支撑的数字稳定币在全球金融市场的推广，从而增强其自身在国际货币竞争中的优势。货币具有典型的“网络外部性”，这是一种“赢者通吃”现象——随着一种货币使用人数的增加，该种货币的流通速度将加快，交易成本将下降，使用该货币的金融交易更为便捷，从而进一步增加对该货币的国际需求，最终该货币的国际核心地位将难以撼动。目前，全球私人数字货币市场尚处于混乱的“战国时代”，市场规模最大的比特币，由于价格波动剧烈，无法成为真正的货币。美国纽约金融服务局对于数字美元稳定币的认可与监管，相当于为这些稳定币提供了一定程度的政府信用背书。这些稳定币将依靠网络外部性向

全球扩散，有可能逐步在全球数字货币市场占据主导地位。与此同时，数字美元稳定币的广泛使用将进一步增强全球市场对传统美元的持有偏好与依赖。

在中长期，全球主要国家的货币体系有可能逐步转向法定数字货币体系（传统货币也会同时存在）。未来的国际货币竞争，既是美元、欧元、人民币等传统货币之间的竞争，也是数字美元、数字欧元、数字人民币等数字货币之间的竞争。美联储如果推出法定数字美元（这种可能性是存在的），将会在全球数字货币市场上形成以法定数字美元和私人数字美元稳定币相结合的体系，这是典型的政府体系与市场体系的联盟，将使美国在国际货币竞争中占据有利地位。

三、数字稳定币时代中国的应对策略

可以预见，基于法币的数字稳定币的兴起和未来法定数字货币的推出，将引发新一轮的国际货币竞争。我国应审时度势、未雨绸缪，及时出台和适时调整应对策略，以便在全球竞争中把握机遇。在美国、日本等国均已有所行动的背景下，我国现阶段可以考虑采取以下两方面措施。

一方面，应加快我国法定数字货币的研发，并选择适当的地区开展试点。考虑到金融科技的不成熟性，以及数字货币对现有商业银行体系可能产生的冲击，短期内法定数字货币在全国推广使用具有较高风险，很难一步到位，可行的方式是在特定领域和特定区域进行试验。建议在海南建立“中国法定数字货币试验区”。作为相对独立的地理单元，海南自由贸易区能够为中国法定数字货币及其相关金融科技的应用提供安全而且广阔的示范区域、丰富而且理想的应用场景，在可控环境下考察法定数字货币的使用，通过“做中学”不断完善监管框架和应用技术水平。海南作为国际旅游消费中心和自由贸易港，更易推进数字人民币的跨境支付活动，带动人民币国际化并打破美国在跨境支付领域的垄断地位。海南“中国法定数字货币试验区”的建立，将帮助海南在国内和国际竞争中找到自己的独特定位，树立竞争优势，在数字化时代成长为全球自由贸易港的发展标杆。

另一方面，可以考虑适度允许民营企业开发挂钩人民币的数字稳定币。目前，我国禁止民营企业发行私人数字货币，而由中国人民银行开展法定数字货币的研发和推广应用工作。由央行主导法定数字货币的开发工作无疑有利于国内的金融稳定，但是相比于美国、日本等国允许私营企业开发数字稳定币的做法，我国当前在数字货币研发的灵活性、时效性和创新性方面存在不足。在发达国家均已有所行动的清况下，我国除加速法定数字货币的研发外，还可以考虑允许民营企业研发以人民币为抵押担保的数字稳定币，从而加快创新应用步伐，在政府和市场的双轮驱动下建立安全、高效和灵活的中国数字货币体系，在国际货币竞争中赢得优势。

《银行家》（2019 年 05 期）

数字货币国外监管分析及对我国的启示

单建军

■ 随着互联网的快速发展，不同类型的数字货币相继出现，中央银行应扮演什么样的角色来应对数字货币监管的挑战成为新的焦点。本文对数字货币概念进行了界定，梳理了国内外数字货币的发展情况，分析了数字货币的固有缺陷，总结了当前国内外对各种数字货币的监管模式和经验，研究了中央银行在数字货币发展中的角色定位问题，并就如何发展数字货币提出政策建议。

一、引言

数字货币通常是指依靠密码学、区块链和分布式账本技术产生的一种拥有价值的数据表现形式。2009 年，中本聪发布《比特币：一种点对点的电子现金系统》，第一次提出了比特币的概念，奠定了数字货币产生的基础。近年来，以比特币和以太坊为主要代表的数字货币快速发展，带来了世界范围内支付方式的变革，也带来了金融乱象和社会稳定风险，

作者单位：中国人民银行襄阳市中心支行。

引起了社会各界和监管部门对数字货币发展前景和监管模式的关注。

数字货币具有匿名性、跨区域、去中心化、高扩散率的优良特性，有利于提高经济效率和包容性，降低中央银行传统纸币发行成本，提升支付清算效率；同时，快速发展的数字货币也会给支付体系、经济运行和金融稳定带来冲击，容易滋生避税、洗钱和恐怖融资等问题。

本文所论述的数字货币是指通过点对点交易方式，绕过第三方金融中介服务，完全区别于传统纸币、金属货币和电子货币的加密资产。本文通过梳理国内外数字货币的发展情况，分析数字货币的固有缺陷，总结当前国内外对各种数字货币的监管模式和经验，研究中央银行在数字货币发展中的角色定位问题，并就如何发展数字货币提出政策建议。

二、数字货币在国内外的发展情况

当前数字货币主要包括比特币、莱特币、以太币和瑞波币等，其中比特币最为人们所熟知。2009 年，比特币问世，区块链和分布式账本作为数字货币的底层技术被世界各国重视，并被推广应用到相关领域。2013 年，美国政府率先承认比特币的合法地位，导致比特币价格大涨。2017 年以来，数字货币市场经历疯狂发展后进入调整期。2018 年，G20 财政部长和中央银行行长会议将数字货币定义为资产而非货币，表示对利用其进行逃税、洗钱、恐怖融资等问题的关注，同时，呼吁金融稳定委员会和其他标准制定机构对数字资产及其风险进行持续监控。而金融稳定委员会发布《数字资产》报告，指出当前数字资产还不会对全球金融稳定构成重大威胁，但需要加强监控以适应市场发展。

2017 年 1 月，人民银行等部门对比特币中国、火币网、币行等交易平台开展现场检查。2017 年 9 月，中国人民银行等七部委联合发布公告，首次宣布代币发行（ICO）是未经批准的非法融资行为，对比特币等数字货币采取十分严厉的态度，禁止一切交易活动。

部分国家希望通过市场加政府的形式引导和规范数字货币的发展，从而支持本国的经济发展。其中，英国、加拿大和新加坡等国家的中央银行在物联网建设、区块链、分布式账本技术和数字货币投资等方面都走在了世界的前列。英格兰银行是第一家发布分布式账本技术研究的中央银行。加拿大银行和新加坡金融管理局研究如何应用中央银行数字货币来提高国内银行间支付的效率、性能和弹性。欧洲中央银行和日本银行实施联合试验，探讨如何改善国内银行间支付和结算，并促进跨境银行间的证券交易和现金结算。伊朗和委内瑞拉等国家对数字货币大开绿灯，支持各类金融交易活动。中国人民银行一贯重视数字货币研究和试验工作，目前，已成立“一币、两库、三中心”的研发体系，稳步推进数字货币研发工作，并将区块链和分布式账本技术应用于票据交易中。

三、数字货币的缺陷

（一）数字货币具有贬值特性

数字货币的支持者声称，数字货币在设计之初其数量是确定的，这使其不存在贬值问题。但事实上，即使某种类型的数字货币供给有限，但大量不同种类的数字货币意味着所有形式的数字货币的总供给量是无限的。除此之外，还有一种“分叉”的做法，在这种情况下，现有的数字货币分支可以从“空气”中变出来。仅比特币就可以衍生出多种形式的分叉货币，开发人员仅需要通过克隆比特币软件，在其中添加一些新功能或修改算法参数并使用新名称，就可以发行另一种新的数字货币。仅 2017 年，就出现多种比特币分叉，包括比特币现金、比特币黄金和比特币钻石，而这些比特币的分叉还可以再次分叉，永无止境。和过去一样，这些分叉行为会稀释现有数字货币的价值，而其本身完全没有经济价值。

（二）数字货币可信度低

历史经验表明，以数字货币衡量的“虚拟资产”不具备像实物货币一样的可持续性。任何个人或机构都不用承担数字货币的责任，也没有任何机构为数字货币背书，其所有权集中度高，这也使得数字货币更不值得信任。事实上，数字货币的使用通常是建立在人们对比特币交易所等中介机构的信任基础上。通俗地讲，数字货币搭载在服务于整个金融体系的机构基础设施上，并且依赖于它所提供的信任。这使得数字货币交易中介需要建立自己的公信力以及面对客户资金流失、资金转移限制和市场完整性不足等挑战。

（三）数字货币效率低下

新技术并不意味着更好的技术或具有更好的经济性。以比特币为例，虽然比特币可能作为一种没有政府参与的替代支付系统，但其效率低下，已经成为泡沫、庞氏骗局和环境灾难的组合体。由于被动性大，比特币成为一种疯狂的价值储存方式，而很少被用来支付或作为一个账户单位。

（四）数字货币使用场景有限

就使用程度而言，比特币及其衍生品对从事非法经济活动的人更有吸引力。该类人相比更愿意承受数字货币价格的剧烈波动。中央银行的实验表明，基于分布式账本技术（DLT）的数字货币系统运行起来非常昂贵，但运行速度比传统的支付和结算系统慢，运行效率低得多。同时，在比特币开采过程中使用的电力是惊人的。由此，也会带来相应的资源浪费和环境破坏问题。

四、国外对数字货币采取的监管措施

近年来，以比特币为代表的数字货币在全球范围内引发巨大争议，各国监管部门纷纷采取对策。

（一）持否定态度，对数字货币投机行为采取限制措施

1. 对数字货币风险发出警告

加拿大央行行长波洛兹认为，买入数字货币的行为是赌博，而非投资。印度财政部称，投资数字货币如同“庞氏骗局”，投资者进行数字货币交易时“风险完全应由自己承担”，并建议最好避免参与此类投资。马来西亚第二财政部长认为，为了避免伤害金融科技创新，政府不会禁止数字货币交易，但会高度警惕数字货币风险。美国北美证券管理协会就加密货币和ICO风险向投资者发出风险警示，提醒投资者对加密货币的相关投资保持高度警惕，且必须全面了解加密货币的投资风险；美国证券交易委员会（SEC）发表声明，重申美国北美证券管理协会的警告；美

国商品期货交易委员会（CFTC）警告，数字货币交易存在技术不成熟、监管缺失、交易安全、价格操纵、过度投机等风险。菲律宾证监会向投资人发出风险警告：投资人务必谨慎参与涉密数字货币的首次代币发行；任何出售证券包括虚拟货币的行为，都必须进行官方登记；企业和代理机构想要进行首次代币发行，必须获得官方批准；没有获得牌照的企业、团体或个人在菲律宾邀请或招募人员参与或对首次代币发行进行投资的，都将承担刑事责任。菲律宾央行副行长认为，由于虚拟货币不是货币，不会支持虚拟货币成为货币。印度尼西亚银行（印尼央行）发布有关禁止使用加密数字货币的声明，警告所有方都不要出售、购买或交易虚拟货币。印度尼西亚银行禁止包括比特币在内的所有虚拟货币在本国作为支付手段使用。

2. 严格监管数字货币交易

韩国企划财政部宣布，针对韩国境内流行的虚拟货币交易出台监管措施，韩国将全面禁止未成年人及非居住外国人开设数字货币账户，并将数字货币投资收入纳入到韩国的税收体系范围内；金融机构不允许持有、买入、担保、投资虚拟货币；明确只有满足条件的交易所才能交易数字货币，严禁其他交易平台从事虚拟货币交易。韩国政府发布数字货币官方声明称，韩国政府将继续打击匿名数字货币交易账户，并将联合当地执法机关和金融机构进行调查，惩罚市场操纵、洗钱和欺诈交易等行为。韩国金融情报部门和金融监督部门还对六大本地银行（友利银行、国民银行、新韩银行、农协银行、韩国兴业银行和韩国开发银行）提供给加密货币交易所的相关账户进行反洗钱检查。

3. 启动虚拟货币征税计划

印度税务部门对 9 家主要比特币交易所进行调查，广泛收集关于比特币交易所的运作方式、投资者、投资来源等方面的信息，并考虑收税的可能性。如将比特币认定为货币，将不对其征收任何税款；如认定为商品，则征收 18% 的消费税；如认定为服务，则征收 12% 的税率。奥地利央行行长表示，加密货币交易者必须明确身份，缴纳增值税，并防范洗钱风险。韩国政府已成立虚拟货币税收工作小组，将研究制定具体的税收计划，可能会对虚拟货币相关企业征收企业税和转让所得税等。

（二）持观望姿态，暂不采取措施

欧洲中央银行总裁马里奥·德拉吉（Mario Draghi）认为，加密货币现在还不够“成熟”，还不足以让中央银行来进行规范管理。美联邦储备委员会主席珍妮特·耶伦（Janet Yellen）认为，联邦储备银行不会针对比特币制定任何政策，只会确保银行监管机构密切关注数字货币，恰当管理其与该市场上的交易者之间的互动关系。而且，美联储会监督这些银行机构是否履行了其打击洗钱活动、确保银行安全的责任。以色列央行宣布不会把比特币等虚拟货币视为实际货币，但认为虚拟货币应当被视为金融资产。同时，以色列央行正在研究虚拟货币的问题，但鉴于全球各国的监管机构还没有就客户投资虚拟货币向银行系统发布指导，因此，以色列央行并未采取任何行动。

（三）持支持态度，采取措施规范数字货币发展

1. 为数字货币发展提供法律、税收支持

白俄罗斯总统亚历山大·卢卡申科签署《数字经济发展条例》，承认数字加密货币、区块链、ICO 等业务的合法性，同时，为交易者提供法律激励和税收优惠。韩国政府发布数字货币官方声明，表示韩国政府将

支持甚至资助区块链技术的发展。

2. 推出官方数字货币

俄罗斯总统普京命令开发加密货币——“加密卢布”。委内瑞拉总统马杜罗表示，即将发行基于该国石油资源的加密数字货币“石油币”，每个“石油币”价值等同于一桶原油。

五、对我国发展数字货币的启示或建议

人民银行应当在数字货币上扮演好角色，积极和财政、税务以及金融市场监管等部门联合行动，维护“数字前线”的秩序，保证支付体系运行正常，同时维护实体货币的真正价值。比特币是泡沫、庞氏骗局和环境灾难的组合体，人民银行要防止数字货币成为现行金融体系的“寄生虫”。

（一）数字货币不能作为传统货币使用

数字货币不能作为记账单位，是一种不可持续的货币形式，不稳定的估值使得其不能成为一种常见的支付手段和稳定的价值存储器。

（二）人民银行应加强对数字货币的监管

数字货币搭载在更广泛的金融体系服务的基础设施上，从与现有金融体系的链接中获得合法性的外表。这显然属于中央银行的监管范围，将数字货币与实体货币相分离，确保数字货币没有寄生在实体货币上。中央银行应与商业银行合作，发挥“数字前线”的监管作用，禁止商业银行做出充当“比特币自动取款机”的不道德行为，同时，不允许这

些数字货币与整个金融体系现有的基础设施共存，以保障支付系统正常运行。

（三）人民银行应创造公平的竞争环境

人民银行要坚持公平竞争的原则，应采用巴塞尔协议多年来坚持的原则：为金融市场（银行和非银行）的所有参与者提供公平的竞争环境，同时培育创新、安全和竞争的市场。数字货币的服务提供商必须提供能够确保和维持高标准的汇款和付款的支付设施，且只有符合标准的交易所和产品才能进入银行和支付渠道。

（四）人民银行应采用新技术推动金融发展

人民银行应适当地采用数字货币的新技术，来改进国家的金融服务，尤其是在一些新兴市场经济体的支付方面。新兴国家中央银行可能会从区块链和分布式账本技术实施中获得最大收益，主要是因为现有的财务流程和技术系统不是很高效，可以通过实施中央银行数字货币或其他基于区块链的应用程序实现更大的金融包容性，运用分布式账本技术可以提高效率，减少消费（零售）和银行间（批发）层面的跨境支付摩擦。

六、结语

数字货币由于自身的缺陷，不可能取代传统的货币，但是数字货币采用的区块链和分布式账本技术可以有效改善金融体系服务能力，中央银行必须积极做好技术进步对金融冲击的相关准备。同时，披着合法外衣的数字货币搭载在为更广泛的金融体系服务的机构和基础设施上，可能形成严重的金融风险，威胁金融系统的稳定。中央银行必须从公共利益出发做好数字货币带来的各种风险应对工作，坚持公平竞争的原则，加强对数字货币的监管，规范和引导数字货币及相关技术的发展。

《金融科技时代》（2019 年 07 期）

附　录

数字货币大事记

▸ 1970 年代初期

- IBM 公司研究对称密码算法 DES（Data Encryption Standard）。于 1976 年 11 月被美国政府采用，成为加密标准，并获得美国国家标准局和美国国家标准协会（American National Standard Institute，ANSI）的承认。
  - 发展了一种广泛应用的对称密码算法。

▸ 1976 年

- 迪菲和赫尔曼（Diffie and Hellman）发表了题为《密码学的新方向》的论文。
  - 提出了一种完全不同于对称密码体系的新思路。

▸ 1978 年

- 美国麻省理工学院的三位学者李维斯特（Rivest）、萨莫尔（Shamir）和阿德曼（Adleman）发表《获得数字签名和公钥密码系统的方法》。
  - 构造了基于因子分解难度的签名机制和公钥加密机制，实现了非对称密码算法，这就是著名的 RSA 密码算法。

▸ 1982 年

- 戴维·乔姆（David Chaum）在顶级密码学术会议——美密会议上发表论文《用于不可追踪的支付系统的盲签名》。
  - 最早的数字货币理论，也是最早能够落地的试验系统。

▸ 1985 年

- 厄格玛尔（T. ElGamal）基于有限域上的离散对数问题，提出了 ElGamal 公钥密码体制。
  - ElGamal 公钥密码体制有较好的安全性，应用广泛，尤其在数字签名方面。
- 科布利茨（Koblitz）和米勒（Miller）基于椭圆曲线上的离散对数问题，提出椭圆曲线密码体制（Elliptic Curve Cryptography，ECC）。
  - 椭圆曲线数字签名算法（ECDSA）是比特币系统的密码基石。

▸ 1993 年

- 由美国国家安全局（NSA）设计、美国国家标准与技术研究院（NIST）发布的安全哈希算法（Secure Hash Algorithm，SHA），于 1993 年 5 月 11 日被采纳为标准。经不断改进至今已发布多个安全 Hash 标准，包括 SHA-1、SHA-224、SHA-256、SHA-384 和 SHA-512。
  - 哈希算法具有优秀特性，在数字货币领域被广泛应用，比如区块链的构造。

▸ 1995 年

- 密码学家尼克·萨博（Nick Szabo）首次提出“智能合约”（Smart

contract）概念。

○ 智能合约的概念最终在区块链上实现，是区块链上可以被调用的、功能完善、灵活可控的程序。

▸ 2008 年

- 11 月 1 日一位化名中本聪（Satoshi Nakamoto）的神秘人发表经典论文《比特币：一种点对点的电子现金系统》。

  ○ 基于分布式数据存储、共识验证、点对点传输、密码算法等技术的比特币创新设计使数字货币技术实现新的飞跃，引发全球大规模的数字货币试验。

▸ 2012 年

- 位于瑞士的 Giori 公司推出由中央银行设立和发行的法定数字货币 GDM，并向我国国家知识产权局申请专利。

  ○ Giori 公司依托全球货币技术标准（Global Standard of Money Technology，GSMT）架构管理全球的数字金融交易，建立一个基于现有纸币系统模式的电子网络，从而推出由中央银行设立和发行的法定数字货币焦里币（Giori Digital Money，GDM）。

▸ 2013—2014 年

- 2013 年末，Vitalik Buterin 发布以太坊白皮书。2014 年 7 月，以太坊项目启动。

  ○ 以太坊可用来创建去中心化的程序、自治组织和智能合约，开展去中心化金融应用（DeFi）。

▶ 2014—2018 年

- 2014 年，中国人民银行正式启动法定数字货币研究，论证其可行性。2015 年，持续充实力量展开 9 大专题的研究。
- 2016 年 1 月，中国人民银行召开数字货币研讨会，系统地展示关于数字货币的研究成果，并择要发表于《中国金融》数字货币专刊。
- 2016 年 6 月，中央编办批复同意中国人民银行印制科学技术研究所更名为中国人民银行数字货币研究所，主要负责数字货币的研究开发、原型构建、实验推广、系统建设等工作。
- 2016 年 9—12 月，中国人民银行数字货币研究所基于我国“中央银行—商业银行”二元体系，研发准生产级的法定数字货币原型系统。
- 2017—2018 年，在此基础上，设计实现了基于区块链技术的数字票据交易平台，开展法定数字货币的沙箱试验。
- 累计完成 80 余件专利申请工作，初步形成一批关键性的数字货币专利集合。

▶ 2018 年

- 经国务院批准，中国人民银行组织相关市场机构开展名为 DC/EP（Digital Currency/Electronic Payment）的法定数字货币分布式研发工作。

▶ 2019 年

- 6 月 18 日，互联网巨头 Facebook 发布 Libra 白皮书。
- 10 月 24 日下午，中共中央政治局就区块链技术发展现状和趋势进行第十八次集体学习。习近平总书记在主持学习时强调，区块链技术的集成应用在新的技术革新和产业变革中起着重要作用。我们要把区块链作为核心技术自主创新的重要突破口，明确主攻方向，加大投入力度，着力攻克一批关键核心技术，加快推动区块链技术和产业创新发展。

（根据姚前《数字货币的缘起、发展与未来》及相关材料整理。）

编辑后记

近年来，随着金融科技的蓬勃发展，数字货币成为国内外广泛研讨的课题。2009 年，基于区块链技术的比特币面世。2014 年起，中国人民银行组织专家成立专门团队，对法定数字货币开展相关研究，已取得积极进展。

在此背景下，为帮助领导干部了解相关知识，我们选取专家学者在权威报刊发表的重要文章，围绕数字货币的概念、发展、影响和带来的挑战等，从不同角度进行深入分析和学术探讨，希望能够帮助广大党员干部深入理解数字货币的缘起、发展与未来。

成书过程中，各位专家学者不仅大力支持，还在繁忙工作之余及时更新、修订，在此谨表诚挚谢意。同时，数字货币作为新兴事物，各位专家从各自角度进行了讨论，有些观点存在较大差异，这也恰好说明学术界和实务界百花齐放、百家争鸣。此外，因时间仓促，部分作者仍未能联系到。还请及时来电来函，以便惠寄样书、稿酬。